"十二五"国家重点图书出版规划

法律科学文库
LAW SCIENCE LIBRARY

总主编　曾宪义

信托登记制度研究

孟强 著

Research on the Registration of Trust

中国人民大学出版社
·北京·

法律科学文库
编 委 会

总主编
曾宪义

副总主编
赵秉志（常务）　王利明　史际春　刘　志

编　委
（以姓氏笔画为序）

总　序

曾宪义

　　"健全的法律制度是现代社会文明的基石"，这一论断不仅已为人类社会的历史发展所证明，而且也越来越成为人们的共识。在人类历史上，建立一套完善的法律体制，依靠法治而促进社会发展、推动文明进步的例证，可以说俯拾即是。而翻开古今中外东西各民族的历史，完全摒弃法律制度而能够保持国家昌隆、社会繁荣进步的例子，却是绝难寻觅。盖因在摆脱了原始和蒙昧以后，人类社会开始以一种"重力加速度"飞速发展，人的心智日渐开放，人们的利益和追求也日益多元化。面对日益纷纭复杂的社会，"秩序"的建立和维持就成为一种必然的结果。而在建立和维持一定秩序的各种可选择方案（暴力的、伦理的、宗教的和制度的）中，制定一套法律制度，并以国家的名义予以实施、推行，无疑是一种最为简洁明快，也是最为有效的方式。随着历史的演进、社会的发展和文明的进步，作为人类重要精神成果的法律制度，也在不断嬗变演进，不断提升自身的境界，逐渐成为维持一定社会秩序、支撑社会架构的重要支柱。17 世纪以后，数次发生的工业革命和技术革命，特别是 20 世纪中叶发生的电子信息革命，给人类社会带来了天翻地覆的变化，不仅直接改变了信息交换的规模和速度，而且彻底改变了人们的生活方式和思维方式，使人类生活进入了更为复杂和多元的全新境界。在这种背景下，宗教、道德等维系社会人心的传统方式，在新的形势面前越来越显得力不从心。而理想和实际的选择，似乎是透过建立一套理性和完善的法律体制，给多元化社会中的人们提供一套合理而可行的共同的行为规则，在保障社会共同利益的前提下，给社会成员提供一定的发挥个性的自由空间。这样，既能维持社会整体的大原则、维持社会秩序的基本和谐和稳定，又能在此基础上充分保障个人的自由和个性，发挥每一个社会成员的创造力，促进社会文明的进步。唯有如此，方能达到稳定与发展、整体与个人、精神文明与物质进步皆能并行不悖的目的。正因为如此，近代以来的数百年间，在东西方各主要国家里，伴随着社会变革的大潮，法律改革的运动也一直呈方兴未艾之势。

中国是一个具有悠久历史和灿烂文化的国度。在数千年传承不辍的中国传统文化中，尚法、重法的精神也一直占有重要的位置。但由于古代社会法律文化的精神旨趣与现代社会有很大的不同，内容博大、义理精微的中国传统法律体系无法与近现代社会观念相融，故而在 19 世纪中叶，随着西方列强对中国的侵略，绵延了数千年的中国古代法律制度最终解体，中国的法制也由此开始了极其艰难的近现代化的过程。如果以 20 世纪初叶清代的变法修律为起点的话，中国近代以来的法制变革活动已经进行了近一个世纪。在这将近百年的时间里，中国社会一直充斥着各种矛盾和斗争，道路选择、主义争执、民族救亡以及路线斗争等等，使整个中国一直处于一种骚动和不安之中。从某种意义上说，社会变革在理论上会给法制的变革提供一定的机遇，但长期的社会骚动和过于频繁的政治剧变，在客观上确实曾给法制变革工作带来过很大的影响。所以，尽管曾经有过许多的机遇，无数的仁人志士也为此付出了无穷的心力，中国近百年的法制重建的历程仍是步履维艰。直至 20 世纪 70 年代末期，"文化大革命"的宣告结束，中国人开始用理性的目光重新审视自身和周围的世界，用更加冷静和理智的头脑去思考和选择自己的发展道路，中国由此进入了具有非凡历史意义的改革开放时期。这种由经济改革带动的全方位民族复兴运动，也给蹉跎了近一个世纪的中国法制变革带来了前所未有的机遇和无限的发展空间。

应该说，自1978年中国共产党第十一届三中全会以后的20年，是中国历史上社会变化最大、也最为深刻的20年。在过去20年中，中国人民高举邓小平理论伟大旗帜，摆脱了"左"的思想的束缚，在政治、经济、文化各个领域进行全方位的改革，并取得了令世人瞩目的成就，使中国成为世界上最有希望、最为生机勃勃的地区。中国新时期的民主法制建设，也在这一时期内取得了令人惊喜的成就。在改革开放的初期，长期以来给法制建设带来巨大危害的法律虚无主义即得到根除，"加强社会主义民主，健全社会主义法制"成为一个时期内国家政治生活的重要内容。经过近二十年的努力，到90年代中期，中国法制建设的总体面貌发生了根本性的变化。从立法上看，我们的立法意识、立法技术、立法水平和立法的规模都有了大幅度的提高。从司法上看，一套以保障公民基本权利、实现司法公正为中心的现代司法诉讼体制已经初步建立，并在不断完善之中。更为可喜的是，经过近二十年的潜移默化，中国民众的法律意识、法制观念已有了普遍的增强，党的十五大确定的"依法治国"、"建设社会主义法治国家"的治国方略，已经成为全民的普遍共识和共同要求。这种观念的转变，为中国当前法制建设进一步完善和依法治国目标的实现提供了最为有力的思想保证。

众所周知，法律的进步和法制的完善，一方面取决于社会的客观条件和客观需要，另一方面则取决于法学研究和法学教育的发展状况。法律是一门专业性、技术性很强，同时也极具复杂性的社会科学。法律整体水平的提升，有赖于法学研究水平的提高，有赖于一批法律专家，包括法学家、法律工作者的不断努力。而国家法制总体水平的提升，也有赖于法学教育和法学人才培养的规模和质量。总而言之，社会发展的客观需要、法学研究、法学教育等几个环节是相互关联、相互促进和相互影响的。在改革开放的20年中，随着国家和社会的进步，中国的法学研究和法学教育也有了巨大的发展。经过20年的努力，中国法学界基本上清除了"左"的思想的影响，迅速完成了法学学科的总体布局和各分支学科的学科基本建设，并适应国家建设和社会发展的需要，针对法制建设的具体问题进行深入的学术研究，为国家的立法和司法工作提供了许多理论支持和制度上的建议。同时，新时期的法学教育工作也成就斐然。通过不断深入的法学教育体制改革，当前我国法学人才培养的规模和质量都有了快速的提升。一大批用新思想、新体制培养出来的新型法学人才已经成为中国法制建设的中坚，这也为中国法制建设的进一步发展提供了充足和雄厚的人才准备。从某种意义上说，在过去20年中，法学界的努力，对于中国新时期法制建设的进步，贡献甚巨。其中，法学研究工作在全民法律观念的转变、立法水平和立法效率的提升、司法制度的进一步完善等方面所发挥的积极作用，也是非常明显的。

法律是建立在经济基础之上的上层建筑，以法律制度为研究对象的法学也就成为一个实践性和针对性极强的学科。社会的发展变化，势必要对法律提出新的要求，同时也将这种新的要求反映到法学研究中来。就中国而言，经过近二十年的奋斗，改革开放的第一阶段目标已顺利实现。但随着改革的逐步深入，国家和社会的一些深层次的问题也开始显现出来，如全民道德价值的更新和重建，市场经济秩序的真正建立，国有企业制度的改革，政治体制的完善等等。同以往改革中所遇到的问题相比，这些问题往往更为复杂，牵涉面更广，解决问题的难度也更大。而且，除了观念的更新和政策的确定外，这些复杂问题的解决，最终都归结到法律制度上来。因此，一些有识之士提出，当前中国面临的难题或是急务在于两个方面：其一，凝聚民族精神，建立符合新时代要求的民族道德价值，以为全社会提供一个基本价值标准和生活方向；其二，设计出一套符合中国国情和现代社会精神的"良法美制"，以为全社会提供一系列全面、具体、明确而且合理的行为规则，将各种社会行为纳入一个有序而且高效率的轨道。实际上，如果考虑到特殊的历史文化和现实情况，我们会认识到，在当前的中国，制度的建立，亦即一套"良法美制"的建立，更应该是当务之急。建立一套完善、合理的法律体制，当然是一项极为庞大的社会工程。而其中的基础性工作，即理论的论证、框架的设计和实施中的纠偏等，都有赖于法学研究的进一步深入。这就对我国法学研究、法学教育机构和广大法律理论工作者提出了更高的要求。

中国人民大学法学院建立于1950年，是新中国诞生以后创办的第一所正规高等法学教育机构。在其成立的近半个世纪的岁月里，中国人民大学法学院以其雄厚的学术力量、严谨求实的学风、高水平的教学质量以及极为丰硕的学术研究成果，在全国法学研究和法学教育领域中处于领先行列，并已跻身于世界著名法学院之林。长期以来，中国人民大学法学院的法学家们一直以国家法学的昌隆为己任,在自己的研究领域中辛勤耕耘,撰写出版了大量的法学论著,为各个时期的法学研究和法制建设作出了突出的贡献。

鉴于当前我国法学研究所面临的新的形势,为适应国家和社会发展对法学工作提出的新要求,中国人民大学法学院和中国人民大学出版社经过研究协商,决定由中国人民大学出版社出版这套"法律科学文库",陆续出版一大批能全面反映和代表中国人民大学法学院乃至全国法学领域高品位、高水平的学术著作。此套"法律科学文库"是一个开放型的、长期的学术出版计划,以中国人民大学法学院一批声望卓著的资深教授和著名中青年法学家为主体,并聘请其他法学研究、教学机构的著名法学家参加,组成一个严格的评审机构,每年挑选若干部具有国内高水平和有较高出版价值的法学专著,由中国人民大学出版社精心组织出版,以达到集中地出版法学精品著作、产生规模效益和名著效果的目的。

"法律科学文库"的编辑出版,是一件长期的工作。我们设想,借出版"文库"这一机会,集中推出一批高质量、高水准的法学名著,以期为国家的法制建设、社会发展和法学研究工作提供直接的理论支持和帮助。同时,我们也希望通过这种形式,给有志于法学研究的专家学者特别是中青年学者提供一个发表优秀作品的园地,从而培养出中国新时期一流的法学家。我们期望并相信,通过各方面的共同努力,力争经过若干年,"法律科学文库"能不间断地推出一流法学著作,成为中国法学研究领域中的权威性论坛和法学著作精品库。

1999 年 9 月

王　序

　　我国是大陆法系国家，而现代信托制度则起源于英美法国家，因此，我国虽然在 2001 年颁布了《信托法》，信托制度得以正式引入到我国，但不可否认的是，相对于传统民法学领域，信托制度在我国的研究一直较为薄弱，导致很多学者对于信托法仍有一定的陌生感。

　　在信托法上，信托登记是信托最为重要的公示方法，信托登记法律问题是目前实务界非常关注而理论界却研究不多的一个问题。孟强博士的《信托登记制度研究》一书，以信托登记制度研究作为选题，就实践中各界较为关注的信托登记制度的立法问题展开研究，这是学界首次对信托登记的法理和制度进行深入的阐述和系统的构建，是非常有益的尝试和探索。

孟强博士的这部作品不仅从理论上对信托登记的基础问题进行了较为深入的分析，探讨了信托财产的独立性、信托登记的效力、信托登记与财产权变动登记的关系等基本问题，而且对我国信托登记制度的具体构建提出了较为可行的建议，不仅对信托登记系统与登记机构进行了理论建构，而且对于登记申请与登记审查的运作也进行了较为详细的探讨，对信托的登记内容、登记机构的设置、登记的申请与审查以及登记的电子化和查询、登记错误的赔偿等问题都进行了深入的探讨，这些探讨富有针对性，对于我国未来的信托登记立法具有较高的参考价值。

目前，由一些中央政府部门主导的信托登记的部门规章乃至行政法规的行政立法工作正在展开和进行，相信孟强博士的这部著作定能对我国信托登记制度的立法起到积极的促进作用和理论参考作用。

孟强博士是我指导的博士，他在人大法学院跟随我攻读博士学位期间，志虑忠纯，一心向学，勤于思考，谦虚谨慎，在协助我研究物权法、侵权法等课题时，独立发表了不少论文，有一定的学术积淀。对于学生的论文选题，我一向持比较宽松的态度，只要是确实具有研究价值和现实意义，只要不是无病呻吟、不是照搬国外立法，就可以去大胆尝试和探索，并不一定局限于传统民法领域。当孟强博士提出研究信托登记制度时，我认为这一研究具有较强的理论价值和现实意义，因此同意了他的选题。由于信托法是域外引进的产物，所以研究起来对于文献的掌握要求较高，而且需要理论结合实际，有一定的难度。所幸孟强搜集了大量的中外文献，还拜访了台湾的方嘉麟教授、王志诚教授、谢哲胜教授等信托法领域的知名学者，并和实务部门的工作人员建立了紧密的联系，掌握了信托登记实务中的基本规则，在理论结合实际方面作出了有益的努力。

　　孟强博士现在已经在北京理工大学法学院执教民商法，他在这部作品出版之际，邀请我作序，我欣然允之，希望孟强博士所著的这样一部着眼于我国实际、既有理论分析又有制度构建的著作能够为我国信托登记制度的立法进程起到有益的促进作用！

2012 年 3 月 27 日

方 序

二十几年前，我参加杨崇森教授领导的信托法立法研议小组，开启了我对信托法的极大好奇与兴趣。信托法作为法律设计，起源尚早于私有财产、市场经济下的契约理念，近百年来更目睹信托因其本身之弹性，角色从对抗封建制度的脱法设计，到豪门巨富的传承管道，蜕变为如今普罗大众的理财工具，犹如一部人类近代经济发展史。信托法中受托人（fiduciary）这个概念，更被大量运用在公司法，成为现代公司治理的先河。然而，两岸法律学者对信托制度的研究，似乎一直远逊于民法或公司法，在质量上有所不足。此时看到孟强博士的《信托登记制度研究》一书，尤其感到惊喜，并愿强力推荐。

考量信托领域研究的落后，或许一个原因在于其进入门槛较高，涉及跨领域整合。信托源于对财富支配极大化的控制欲望，与政府管制或公共政策形成一定的紧张关系；而近年信托制度广被金融机构使用，一方面推动财富管理的创新与普及，另一方面实代表某种程度的去管制化，在在显示信托法制的研究无法脱离政府管制，以及公共行政层面的探索。而两岸财产法基本设计均依循大陆法体系（更严格而言，是德国法体系），更与源于英美的信托法制有根本上的歧异。可以说，所有法制继受国在移植外来制度时必须面临一个严肃课题，即如何在移植过程中培育、修剪移植物，使之能适应本土环境，茁壮成长，这不仅需要对移植物的属性深切了解，同时须对本地土壤、气候与客观条件能高度掌控。自此角度，信托法制的研究，因涉及不同法系的矛盾与冲突，尤为艰辛。

孟强博士的《信托登记制度研究》显示作者具备跨领域、跨法系研究的能力。本书旁征博引，纲举目张，自信托制度的起源，再推展到其核心概念——信托财产的独立性，再进一步剖析于实务上如何落实其独立性，亦即如何建立一套低成本、高效能的信托登记制度。例如如何运用电子化与互联网等科技降低查询成本、提升市场效率。由于本书最终对大陆的信托登记立法给予具体建议，期待孟强博士继本书之后，对信托登记此一攸关信托制度移植成败的关键设计，再接再厉推出兼具理论与实务价值之佳作。

方嘉麟

2012 年 4 月 2 日

目 录

第一章 导 论

第一节 信托的基本概念

一、信托的概念和构成要件

信托，是指委托人基于信任而将一定的财产权转让或设定给受托人，使受托人为了受益人的利益或特定的目的而对此财产权进行管理和处分。因此，简言之，信托"是一种财产移转及管理的设计"①。

通常人们在使用信托这一概念时，在不同的情形下可能包含不同的含义：

---

① 方嘉麟：《信托法之理论与实务》，2 页，北京，中国政法大学出版社，2004。

第一，信托是关于财产移转及管理的合同。虽然设立信托的方式有多种选择，但在我国，运用最多的仍是通过合同设立信托。《信托法》第 8 条第 2 款规定："书面形式包括信托合同、遗嘱或者法律、行政法规规定的其他书面文件等。"因此在实践中信托有时会与信托合同的概念相等同，将信托理解为是关于财产的移转及管理的合同，所有权人与他人签订信托合同，将其财产或权益移交给他人，他人按照合同约定的目的和方式而管理财产。

第二，信托是在特定当事人之间基于信任而产生的一种财产法律关系。从信托的设立上来看，委托人和受托人都是特定的，委托人基于对受托人的信任而将财产移转给受托人管理及处分，受托人按照约定将财产的收益交付给受益人受益，从而在特定主体之间产生了一种财产法律关系。有学者指出："信托，是一种基于信任关系而产生的财产关系；在这种关系中，信托人将信托财产转移给受托人并委托其管理或处分，受托人享有该项财产的所有权，但有义务将信托利益交付给受益人。"[①] 这种理解侧重于信托的设立，而且在我国实践中信托的委托人和受益人发生重合的现象较多，基于特定目的而设立的、由不特定主体受益的信托较少，因此将信托理解为特定主体间基于信任关系而产生的财产法律关系是较为明确而直接的。

第三，信托是一种财产制度。虽然信托主要基于合同而设立，但也可以基于遗嘱或其他行为而设立；信托不仅可以为了受益人的利益而设立，也可以为特定的目的而设立，其受益对象可以具有不特定性。所以，将信托理解为合同或财产法律关系，固然正确但并不全面。因此，从总体上看，信托是一种财产制度，是关于财产的管理和处分的制度设计，在财产法上具有独特的地位。"一旦信托被设立，委托人和

---

① 张淳：《对信托定义及其与行纪之异同的法理思考》，载《河北法学》，1994(4)，13 页。

受托人的意思就在信托的目的和信托的条款中被客观化和制度化了……在这种意义上，信托是在创设一种制度。"① 在信托制度中，信托的设立具有多种形式，其当事人也可以由不同的主体构成。

从比较法上来看，美国《信托法重述》（第三版）中，除了结果信托和法定信托以外，一般的信托是指当事人一方以明示的意思表示在财产之上创设一种信任关系，使受托人为了慈善目的或受益人的利益而拥有该财产所有权并进行处分。② 海牙信托公约对于信托概念的界定是：信托是委托人将其财产权移转到受托人名义下或代表受托人之第三人名义下，使受托人为了受益人之利益或为特定目的而管理、使用或处分。③ 日本信托法关于信托的定义虽然在 2006 年修法时进行了修改，但其核心概念仍是特定人将财产权移转或为其他处分，使他人按照一定的目的而为实现财产的管理或处分所从事的必要行为。④ 我国台湾地区"信托法"对信托的定义是："称信托者，谓委托人将财产权移转或为其他处分，使受托人依信托本旨，为受益人之利益或为特定之目的，管理或处分信托财产之关系。"我国大陆 2001 年《信托法》对信托的定义是：本法所称信托，是指委托人基于对受托人的信任，将其财产权委托给受托人，由受托人按委托人的意愿以自己的名义，为受益人的利益或者特定目的，进行管理或者处分的行为。

---

① ［日］能久善见：《现代信托法》，赵廉慧译，姜雪莲、高庆凯校，13 页，北京，中国法制出版社，2011。

② See The American Law Institute, *Restatement of the Law*, *Third*, *Trusts*, Volume 1, Chapter 1, §2.

③ See *Convention on the Law Applicable to Trusts and on Their Recognition*, Article 2, Hague Convention, 1 July 1985.

④ 参见［日］中野正俊：《信托法判例研究》，张军建译，1 页，北京，中国方正出版社，2006；张军建：《信托法基础理论研究》，附录五《日本信托法》第 1 条，北京，中国财政经济出版社，2009。

　　虽然不同国家或地区对信托的定义在具体表述上有所不同，但从中可以看出，信托一般应具备以下构成要件：

（一）信任关系的存在

　　从字面意思上看，信托制度是一种基于信任而对他人的托付，此种托付是将自己的财产权移转给受托人，由受托人进行管理和处分，其目的是使受益人受益或为实现特定的目的。用中国传统的话语，也可以将信托形容为"得人之信，受人之托，代人理财，履人之嘱"[①]。

　　信托制度在英国起源时，最初主要是遗嘱人通过信托的方式将财产托付给亲朋好友，请这些人为了自己的后代而管理处分遗产，以免自己的后代在成长过程中因为年幼无法理财而失去物质保障。后来在战争中出征的战士也将自己的地产托付给自己的亲朋好友代为打理，以免被敌方征收，待自己凯旋之后，再由受托人将财产权归还自己。可见在信托制度发轫之初，委托人和受托人之间一般是较为亲密和熟悉的关系，彼此之间存在信任关系，正是基于对受托人人格和品行的信任，委托人才敢于将财产权移转到受托人名下。因此，信托制度自发展之始，便脱离不了信任关系的存在。甚至可以说，"在英国法上，'诚实'与'信赖'作为衡平之要求由衡平法院对其给予保护。这种基本思想是英美信托法的血与肉。"[②]

　　到了现代社会，随着信托业的发展，信托制度在商业上的运用范围得到了极大的扩展。民事信托中固然还可以存在委托人和受托人之间的熟悉、信任关系，但在信托业中，委托人与职业的受托人之间传统的信任关系逐渐淡化，因为在此类信托中，委托人投资于信托业，只是为了获取利益的回报，其看重的乃是受托人的注册资本、职业化

[①] 卞耀武主编：《中华人民共和国信托法释义》，3 页，北京，法律出版社，2002。

[②] ［日］能久善见：《现代信托法》，赵廉慧译，姜雪莲、高庆凯校，4 页，北京，中国法制出版社，2011。

程度等因素。因此，在现代社会中，信托中的信任关系依然存在，但已经从传统的对受托人的人格品行的信任逐渐转化到对受托人履行受托义务的能力的信任之上。

由此，信托中信任关系的存在，便使得受托人须对委托人负起一定的义务，以免使委托人的信任落空，此种义务便是受托人的忠实义务和注意义务。"就信托而论，这义务的核心在于'良心'二字；要诠释良心的义务，除'处理他人事务，应与处理自己事务为同一之注意'一语外，更难有较为确切之词，——换句话讲，信托即为这'玉律'（golden rule）的适用呢。"① 忠实义务和注意义务的内容，除了信托文件中可以作出明确的约定以外，还可以根据信托的目的来加以判断。对于忠实义务和注意义务的程度的判断，则要根据信托的类型和具体内容来判断。一般而言，民事信托中，受托人应当对信托财产负起与管理处分自己财产同等的注意程度才符合注意义务的要求，而且对于信托财产的处分则必须忠实于信托目的和信托文件的约定；而在商事信托中，受托人的忠实义务和注意义务则应当达到其所从事的行业中从业者的平均水平和程度。

（二）财产权的移转或其他处分

我国《信托法》第2条采取了委托人将其财产权"委托"给受托人的表述，而没有采纳学理上通说的移转或为其他处分的表述方式，从而导致信托制度与委托制度在表述上的混淆，并引发了理论和实践中的极大争议。然而，"就此异议，王连洲教授作了说明：截至信托法最后定稿的审议会上都是'转移'，在最后通过时被改为了'委托'"② 。查阅立法资料，立法者在《信托法》第一次审议稿中确实采

---

① ［英］靳克斯：《英国法》，张季忻译，陈融勘校，290页，北京，中国政法大学出版社，2007。

② 张军建、张雁辉：《第二届中国（长沙）信托国际论坛综述》，载《河南省政法管理干部学院学报》，2006（6），122页。

取的是"转移"的表述方式，该审议稿中的第 3 条规定："本法所称信托，是指委托人基于对受托人的信任，将其财产权转移给受托人，受托人按委托人的意愿以自己的名义，为受益人的利益或特定目的，管理或处分财产的行为。"① 这表明立法者对于信托制度的理论认识在当时还不够深入，因此对于信托的概念界定出现用语上的摇摆现象。

信托的设立离不开信托财产的存在，因为整个信托制度就是围绕信托财产的管理和处分以及受益而展开的，信托财产是信托制度的核心。无论我国《信托法》采取何种表述方式，信托的有效设立都必须伴随着财产权的移转或设立，即委托人将自己的财产权移转给受托人，或者在自己的财产权之上为受托人创设某种财产权。只有财产权的移转或创设，受托人才能对这些财产权进行管理处分，才能将由此产生的收益交给受益人。

财产权的移转，就是委托人将自己的某项财产权转让给受托人，此种转让必须完成财产权利的公示程序，即不动产要进行登记，动产要完成占有的交付。而财产权的其他处分，是指除了移转之外的处分行为，因为移转是对财产的所有权的转让，财产权的利用方式除了转让之外，还可以在财产之上设定其他的权利。就具体的方式而言，"所谓其他处分，系谓基于某种财产权成立限制该财产权之其他财产权，如地上权、永佃权、典权、质权、抵押权等之设定，是也。"②

（三）财产的管理和处分

信托是将委托人的财产移转或设定给受托人，由受托人按照信托文件的约定或信托目的而对信托财产进行管理和处分。委托人的财产交由受托人管理处分，并由受益人从中受益，是信托制度的基本特征。"当事人本来目的并不在发生信托财产移转之效果，不过以移转财产作

---

① 卞耀武主编：《中华人民共和国信托法释义》，196 页，北京，法律出版社，2002。

② 史尚宽：《信托法论》，8 页，台湾，"商务印书馆"股份有限公司，1972。

为其达成目的之手段而已。"① 因此委托人设立信托并转让财产权利，并不像买卖关系一样并不关心财产在转让之后的处理，而是要求受托人对信托财产进行管理和处分并使受益人从中受益。

受托人对于信托财产的管理，首先，应当依照信托财产本身的性质来进行，例如对于机动车辆或船舶的管理，应注意加以维修和养护，使其机械性能处于良好的状况。其次，受托人应当遵守信托文件的约定和信托目的的要求来进行，如果信托文件或信托目的对于受托人应当对信托财产从事的保存、改良、利用等管理行为有特别的要求，则应遵循此种要求。最后，如果委托人在设立信托时对于受托人的管理行为没有特别的约定，则受托人对于信托财产的管理行为除了应依照财产本身的性质进行以外，可以按照民法上管理行为的范围来进行解释，例如，对信托财产所作出的符合信托本旨的有益改良行为等。

受托人对于信托财产的处分，包括事实上的处分和法律上的处分两种。事实上的处分是使信托财产在物理上发生形状的变化、毁损等，例如，将作为信托财产的房屋进行扩建等。法律上的处分是受托人使信托财产发生权利上的变动或消灭，例如，将信托财产出租、设定担保物权、出售等处分行为。

(四) 受益人的受益

在信托制度中，受托人在名义上拥有信托财产并有权对其进行管理和处分，但其一般不能直接享有信托财产上的利益，"凡享受此财产上之利益者，为受益人"②。受益人一般是委托人和受托人之外的第三人，但受益人也可以是委托人自己，甚至受托人也可以成为复数受益人中的一个。在公益信托中，具体的受益人还是不确定的，只是按照

---

① 杨崇森：《信托之基本观念——信托法研究之一》，载《中兴法学》，第 8 期 (1973 年 12 月)，15 页。

② 朱斯煌：《信托总论》，11 页，上海，中华书局有限公司，1941。

信托目的而指定可能受益人的范围。在信托制度中，受益人作为重要的一方当事人是必须存在的。

二、信托与相近概念的比较

（一）信托与代理

代理是代理人以被代理人的名义从事法律行为，其法律后果归属于被代理人的制度。《民法通则》第 63 条第 2 款规定："代理人在代理权限内，以被代理人的名义实施民事法律行为。被代理人对代理人的代理行为，承担民事责任。"在代理中，存在被代理人、代理人和交易相对人三方法律主体，代理人也是为了本人的利益依照约定或法律的规定而从事法律行为。因此，代理制度与信托制度存在一定的相似性，但两者仍是不同的法律制度，存在诸多差异：

第一，行为人对外行事的名义不同。在代理中，代理人须以被代理人的名义行事，"代理人与第三人之间从事的行为，既可能是法律行为，如订立合同等，也可能是单纯作出意思表示或接受意思表示的行为，如发出要约或者接受要约。但无论实施何种行为，都应当以本人的名义进行"[①]。而在信托中，受托人是信托财产的名义所有人，有权直接以自己的名义对信托财产从事管理和处分活动，与他人缔结合同、管理和处分信托财产，无须以委托人或受益人的名义行事。

第二，法律效果的归属主体不同。在代理中，代理人对外从事法律活动的法律效果直接归属于被代理人，由被代理人享有相应的权利、承担相应的义务。即便是间接代理，代理人虽然不直接以被代理人的名义行事，但其代理活动的法律后果仍然归属于被代理人。而在信托中，受托人所从事的法律活动其效果直接归属于受托人，受托人为权利、义务的主体。当然，受托人在进行信托财产的管理处分活动之后，

---

① 王利明：《民法总则研究》，604 页，北京，中国人民大学出版社，2003。

必须按照信托文件的约定或信托目的的限定将信托财产的收益交付给受益人。

第三，是否为要式行为不同。代理的成立，法律并不要求为要式行为，委托代理的设立可以采用书面形式，也可以采用口头形式。《民法通则》第65条第1款规定：民事法律行为的委托代理，可以用书面形式，也可以用口头形式。法律规定用书面形式的，应当用书面形式。而信托的成立则为要式行为，必须以书面形式成立。《信托法》第8条第1款规定：设立信托，应当采取书面形式。

第四，设立是否以一定的财产为要件不同。在代理中，代理的设立并不需要有一定财产的存在，代理人以被代理人的名义行事，也并不要求有财产的移转，涉及财产关系的事项，代理人可以在代理结束后就代理活动的开支账目向被代理人进行报告并要求支付代理费用和报酬。而在信托中，信托的有效设立必须以特定化的财产的存在为前提，因为作为一种财产上的制度，整个信托就是围绕信托财产而展开，在设立信托时就必须确定信托财产并将之移转或设定给受托人。《信托法》第7条第1款规定：设立信托，必须有确定的信托财产，并且该信托财产必须是委托人合法所有的财产。

第五，行为人的自主性程度不同。在代理中，代理人在从事代理活动时，必须按照被代理人的指示行事，自主性较小。而在信托中，受托人对于信托财产的管理和处分除了遵守信托文件和信托目的的要求以外，其具体的行为并无限制，受托人享有较大的自由裁量权。"虽然说是基于委托人的意思所设立的信托，委托人也不能自由地加以变更。而且，即使是根据受托人的最初意图而设立的信托，也同样不能由受托人自由变更。"①

---

① ［日］能久善见：《现代信托法》，赵廉慧译，姜雪莲、高庆凯校，13页，北京，中国法制出版社，2011。

第六，终止的原因不同。代理关系的存续由被代理人决定，被代理人可以随时终止代理关系。此外，在被代理人或代理人任何一方死亡的情形下，代理关系一般都应当终止。在信托中，委托人并不能随时终止信托关系，而需要取得受益人的同意。而且委托人的死亡对于信托的存续并无影响，受托人的死亡对于信托的存续也没有重大的影响，可以根据信托文件或信托目的而选任新的受托人。例如我国《信托法》第 52 条就规定：信托不因委托人或者受托人的死亡、丧失民事行为能力、依法解散、被依法撤销或者被宣告破产而终止，也不因受托人的辞任而终止。但本法或者信托文件另有规定的除外。

正是由于两者之间存在诸多的差异，所以可以明确地说，"代理不是信托（An agency is not a trust）"①。信托制度远较代理制度更为灵活，更适宜成为人们处置和管理财产的长期制度设计。

（二）信托与赠与

赠与是一种合同，而"信托法通过其普通法中的技术规则具有合同法不能实现或者不能轻易实现的功能"②。赠与是赠与人将自己的财产权无偿赠与受赠人的行为，赠与人在赠与财产的权利转移之前可以撤销赠与。赠与合同可以附义务，赠与人可以要求受赠人履行一定的义务以作为赠与的条件。因此，在附条件的赠与中，赠与人将财产权无偿转让给受赠人，并可以要求受赠人履行一定的义务，例如向第三人给付一定的利益。因此，就财产权的移转、移转的无偿性以及可以附加一定的义务这三方面而言，附条件赠与和信托有一定的相似性。但是，两者毕竟是不同的制度，存在诸多差别，例如：

---

① The American Law Institute, *Restatement of the Law*, *Second*, *Trusts*, Volume 1, Chapter 1, §8.

② ［德］克里斯蒂安·冯·巴尔、［德］乌里希·德罗布尼希主编：《欧洲合同法与侵权法及财产法的互动》，吴越、王洪、李兆玉等译，325 页，北京，法律出版社，2007。

第一，信托制度中，委托人和受托人之间存在信任关系；而在赠与中，赠与人和受赠人之间并无此种信任关系的要求。

第二，信托制度中，受托人接受财产之后，负有积极的管理和处分义务；而在赠与中，受赠人并不负有此种积极义务，即便是附条件的赠与，受赠人一般也仅在条件限定期限内对受赠财产负有消极保管义务而已。

第三，信托制度中，信托一旦设立，委托人便淡出信托关系，无权撤销信托，即便出现受托人违约的现象，撤销权也由受益人享有。委托人欲终止信托，须取得受益人的同意并同时为之，才能终止信托。而在附条件赠与合同中，如果受赠人不履行赠与合同约定的义务，赠与人在法定期限内可以自行决定撤销赠与，要求受赠人返还赠与物。

第四，信托制度中，受益人享有撤销权和追及权，其权利远较一般的债权更有保障；而在附条件赠与中，如果赠与人要求受赠人向第三人给付一定的利益，则该第三人一般不能直接向受赠人主张履行给付，更不享有撤销权和追及权。

第五，信托制度中，信托关系终止后，如果信托财产尚有剩余，则受托人应当将之交付给受益人；而在附条件赠与中，条件履行完毕若赠与财产还有剩余，则由受赠人享有剩余的财产。

（三）信托与遗嘱执行

信托制度最初常是以遗嘱的形式设立，在遗嘱信托的情况下，委托人通过遗嘱的形式选定受托人，由受托人按照遗嘱的内容而管理、处分指定的遗产，并使受益人（此时往往是继承人）受益。而一般的遗嘱执行人在遗产继承过程中也扮演着重要的角色，其负责将遗产按照遗嘱的指定分配给相应的继承人。因此，信托和遗嘱执行之间存在某种相似之处，但两者也存在较大的差异：

第一，是否需转移财产所有权不同。遗嘱信托中，受托人取得作为信托财产的遗产的所有权，成为遗产的名义所有权人；而在遗嘱执行活动中，遗嘱执行人只是代为保管和分配遗产，其并不能成为遗产的所有权人，也没有向其移转财产权的行为。

第二，目的不同。遗嘱信托中，委托人以遗嘱的形式设立信托，其目的是希望受托人管理和处分遗产，以将财产的收益支付给受益人，使受益人获得长期的物质保障；而遗嘱执行制度之设，其目的是帮助继承人完成遗产的清理和继承。

第三，职责不同。遗嘱信托中受托人负有积极管理处分信托财产的义务；而遗嘱执行人的职责是围绕遗产的清理和分配而进行的，继承完毕，遗嘱执行人的职责也履行完毕。有学者认为职责的不同是遗嘱信托和遗嘱执行的最大区别，因为"在遗嘱信托下，受托人的职责在于如何通过信托对信托财产进行管理和处分，给受益人带来财产的利益最大化，即如何管理信托财产。而在遗嘱执行下，职责的焦点只是集中在了如何保管、清理、分割"[1]。

(四) 信托与行纪

行纪是行纪人接受委托人的委托，以自己名义为委托人办理代购代销、寄售等商事活动，并获取委托人支付的报酬的行为。《合同法》第414条规定："行纪合同是行纪人以自己的名义为委托人从事贸易活动，委托人支付报酬的合同。"信托与行纪具有一定的相似之处，体现在：

第一，行纪和信托都是一方基于对另一方的信任而委托其为自己处理一定的事务、处分一定的财产。行纪和信托都是关于财产管理和处分的制度，而且都以信任为基础。

第二，行纪和信托都涉及一定的财产。由于行纪的内容是行纪人为委托人从事贸易活动，因而往往涉及资金或货物的移转占有。《合同

---

[1] 张军建：《信托法基础理论研究》，81页，北京，中国财政经济出版社，2009。

法》第 416 条规定：行纪人占有委托物的，应当妥善保管委托物。第 417 条规定：委托物交付给行纪人时有瑕疵或者容易腐烂、变质的，经委托人同意，行纪人可以处分该物；和委托人不能及时取得联系的，行纪人可以合理处分。由此可见，在行纪中，委托人一般需要将一定的委托物交给行纪人占有和保管。而在信托中，成立信托必须存在特定的财产权益，并且由委托人向受托人移转该财产权益作为信托财产。

第三，行纪和信托中的受托人都以自己的名义对外从事民事活动。在行纪中，行纪人以自己的名义为委托人从事贸易活动，"委托人之所以委托他人为交易行为，事实上除了时间、成本、专业之因素外，或许尚有隐密之考量"[①]。在信托中，受托人以自己的名义，为受益人的利益或者特定目的对信托财产进行管理或者处分。

第四，行纪和信托中的受托人都不能获得处理受托事务的利益。行纪人接受委托人的委托而处理行纪事务，是为了委托人的利益，因此，行纪人不能取得行纪事务中的利益，而必须将之交给委托人。《信托法》第 25 条第 1 款规定："受托人应当遵守信托文件的规定，为受益人的最大利益处理信托事务。"信托中的受托人处理信托事务是为了受益人的利益，受托人必须按照信托文件的约定、为了受益人的利益而管理和处分信托财产，并将因信托财产所获取的利益交付给受益人。

正是因为行纪与信托存在较多的相似之处，以至于"在我国，区分信托与行纪十分重要，因为长期以来，许多人甚至一些学者都把信托与行纪混为一谈。实务中，也有不少从事行纪活动的企业取名为'信托商店'"[②]。但是，信托与行纪毕竟是两种不同的制度，在表面上的高度相似之下，实则存在巨大差别，具体表现在：

---

① 黄立主编：《民法债编各论》（下），585 页，北京，中国政法大学出版社，2003。

② 何宝玉：《信托法原理研究》，20 页，北京，中国政法大学出版社，2005。

第一，制度的目的不同。信托制度的目的，是委托人为了受益人的利益，而委托受托人管理和处分财产权益；行纪制度的目的，是委托人为了自己的利益，而委托行纪人代购代销财产、从事贸易活动。这一目的上的区别，决定了信托中受托人对于信托财产可以采取多样化的管理和处分方式，也决定着信托财产可以表现为多种财产或权益的形式，包括动产、不动产、其他财产权益等。相比较而言，行纪的委托物的范围较小，主要是货物，即仅限于动产，"行纪之业务，系为他人之商业上之交易，且必须限于动产之买卖，或其他与此相似之商业上之交易始可"①。行纪人对委托物的处分方式也较少，主要是买进、卖出的交易方式。

第二，成立的基础不同。信托可以基于信托合同而成立，也可以基于委托人的遗嘱而成立，还可以基于法律、行政法规的规定而成立。而行纪只能基于委托人与行纪人之间的行纪合同而成立。

第三，法律关系的主体不同。在信托中，存在三方主体：委托人、受托人和受益人。虽然委托人和受益人可以发生重合，但典型的信托结构存在着三方主体。在行纪中，行纪合同只涉及两方主体，即委托人和行纪人。当然，在信托和行纪运行中，都会涉及与第三人的交易，但第三人并非这两种法律制度的直接当事人。

第四，财产所有权的主体不同。信托中，委托人将信托财产所有权移转给受托人，受托人为了受益人的利益而管理和处分信托财产，虽然只有受益人能够从信托财产中获取收益，但信托财产在法律上由受托人享有所有权。这种实质上的收益主体与形式上的所有权主体相分离的现象，导致许多学者将信托财产之上的权利解释成双重所有权。在行纪中，行纪人作为受托人虽然从委托人处取得一

---

① 林诚二：《民法债编各论》（中），225页，北京，中国人民大学出版社，2007。

定的财产作为委托物，但只是取得了委托物的占有，因为其必须为了委托人的利益而管理和处分委托物。《合同法》第416条规定："行纪人占有委托物的，应当妥善保管委托物。"由此可见，对于委托人的委托物，行纪人只取得占有，对于在与第三人交易过程中获取的财产，行纪人同样只是在名义上享有所有权，因为其必须按照约定将之移转给委托人。

第五，受托人的权限不同。信托中，受托人的权限较大，委托人一旦设定信托，则已经淡出信托关系，一般不再对受托人作出具体的指示，信托受托人只需按照信托的目的和信托文件的约定来管理和处分信托财产，具有较大的决定权。在行纪中，委托人并没有将委托物的所有权移转给行纪人，行纪人只取得财产的占有权能，因此，对于财产的处分往往要遵循委托人的指示和命令，如果委托人对买进、卖出的具体价格有要求的，行纪人必须遵守这一要求。《合同法》第418条规定：行纪人低于委托人指定的价格卖出或者高于委托人指定的价格买入的，应当经委托人同意。未经委托人同意，行纪人补偿其差额的，该买卖对委托人发生效力……委托人对价格有特别指示的，行纪人不得违背该指示卖出或者买入。

第六，是否为法律推定为有偿不同。信托中，法律推定受托人从事信托行为是无偿的，当然，当事人可以作出相反的约定。《信托法》第35条规定："受托人有权依照信托文件的约定取得报酬。信托文件未作事先约定的，经信托当事人协商同意，可以作出补充约定；未作事先约定和补充约定的，不得收取报酬。"而行纪作为商事交易合同的一种，其营利性决定了其有偿性，因此法律推定行纪人从事行纪行为是有偿的，除非当事人作出相反约定，否则其有权主张报酬，并对委托物享有留置权。《合同法》第422条规定："行纪人完成或者部分完成委托事务的，委托人应当向其支付相应的报酬。委托人逾期不支付报酬的，行纪人对委托物享有留置权，但当事人另有约定的除外。"因此，行纪合同为有偿合同，行纪人作为受托人，有权向委托人请求报酬。

第二节　信托制度的起源

信托，是指委托人基于对受托人的信任而将自己的财产权进行转让或其他处分，使受托人为了受益人的利益或特定的目的而对此财产权进行管理和处分。现代的信托（Trust）制度是由中世纪英国法上的用益（Use）发展而来的，英国国王亨利八世于1535年颁布的《用益法》（the Statute of Uses）在客观上促成了用益（Use）向信托的转化，即，"此时，可强制执行的用益权开始被称为信托"[①]。

但是在此之前，英国法上的信托制度究竟是由罗马法发展而来，还是从日耳曼法发展而来，还是属于英国法上自身特有的制度，在学界一直存在着争议。因此，对于信托的起源，在学说上"得区分为罗马法起源说、日耳曼共同起源说及英国固有法说等三种"[②]。

罗马法起源说认为信托乃是由罗马法上的信托遗赠（fideicommissum）发轫而来，即"现代信托制度概渊源于罗马法，而罗马法上的信托又源于继承"[③]。史尚宽先生认为，"英国之 Trust，发源于中世纪之 Use。Use 一词，谓源于罗马法之 Usus，Ususfruetus，或 Fidei-

---

[①]　［英］D.J. 海顿：《信托法》，4 版，周翼、王昊译，13 页，北京，法律出版社，2004。

[②]　王志诚：《信托法》，2 页，台湾，五南图书出版股份有限公司，2009。

[③]　江平、米健：《罗马法基础》，428 页，北京，中国政法大学出版社，2003。但是该书的此种观点未能一以贯之，作者在第 429 页又写道："现代信托制度最早可溯源于罗马法，但两者之间毕竟多有不同。严格意义上说，近现代的信托制度主要源出英国。尽管如此，罗马法信托制度的影响仍是不可低估的。它至少给后世法律提供了一个意义重大的启示。"

commissum"①。周枏先生亦曾言："现代的信托制度即渊源于罗马法。"②

日耳曼法起源说则认为信托乃是源自 5 世纪的《萨利克法典》(Lex Salica) 上的受托人（salmannus）制度，学者霍姆斯（Oliver W. Holmes）乃是此种观点的倡导者。他认为受托人（salmannus）制度"在英国成为了广为人知的用益受封人（feoffee to uses）"③。

英国固有法说认为现代的信托制度是在英国本土上发展起来的，而非来源于罗马法或日耳曼法上的既有制度，即"从现代信托制度的形成上来追溯的话，更为接近的仍是英国的固有法说，即英国起源说"④。梅兰特曾言："我们几乎从不需要说，我们英国法上的用益不是来自罗马法的'人役权（personal servitude）'⑤；因为它们之间毫无相似之处。我也不能相信罗马法上的信托遗赠与英国法上的用益的发展有什么关系。"⑥

事实上，在日耳曼法上，"受托人制度仅仅是作为一种纯粹的托付关系而加以运用，从未得到实体法上的承认和执行"⑦。而且，日耳曼法上的受托人（salmannus）的法律结构只是一种附条件的所有权移转，主要是运用于遗嘱的执行上，即"是以遗嘱执行人于遗嘱人死后，

---

① 史尚宽：《信托法论》，1 页，台湾，"商务印书馆"股份有限公司，1972。

② 周枏：《罗马法原论》，下册，618 页，北京，商务印书馆，1994。

③ Oliver W. Holmes, "Law in Science and Science in Law", *12 Harv. L. Rev.* (1899), p. 446.

④ 张军建：《信托法基础理论研究》，4 页，北京，中国财政经济出版社，2009。

⑤ 人役权（personal servitude）也被称为属人地役，是与地役权（属地地役）相对应的概念，是指专门为特定人（役权人）的利益而设立并在役权人死亡时终止的役权，又具体分为用益权、使用权和居住权三种。

⑥ F. W. Maitland, "The Origin of Uses", *8 Haru L. Reu 127* (October, 1894), p. 136.

⑦ Avisheh Avini, "The Origins of the Modern English trust Revisited", *70 Tul. L. Rev.* (March, 1996), p. 1149.

先一度取得其遗产之所有权与占有（Gewere），然后始依遗嘱之趣旨处分之"①。所以不少学者认为，与其将受托人（salmannus）制度解释为信托制度的起源，不如将其解释为遗嘱执行人的起源更为准确。②而罗马法上的信托遗赠（fideicommissum）与现代信托制度确实存在一定的相似之处，因此笔者将分别简要分析罗马法上的信托遗赠和英国法上的用益（Use）制度，以求辨明二者关系。

一、罗马法上的信托遗赠（fideicommissum）

罗马法上的 fiducia 一词，被后人译为"信托"，根据《元照英美法词典》的解释，拉丁文 fiducia 即罗马法上的信托，是"抵押（mortgage）和质押（pledge）的一种早期形式，指财产所有权和占有权以正式的买卖方式——如要式买卖（mancipatio）——移转给债权人，同时附有明示或默示的协议，规定当债务及时得到清偿时，债权人应将财产以相同的买卖方式返还；如债务人违约，则该项财产将不附带任何赎回权，完全归于债权人"③。但是当我们查阅罗马法的内容时，几乎见不到 fiducia 的踪迹，因为其并未被收入《民法大全》④ 之内，只能散见于罗马法学者的论述之中。虽然在罗马法历史上存在过市民法上的信托制度（fiducia），但其与抵押、质押、使用借贷等制度相比，功能相似而程序更为复杂，即"信托与质权、使用借贷或寄托

---

① 李宜琛：《日耳曼法概说》，222 页，北京，中国政法大学出版社，2003。

② 李宜琛先生就认为受托人"是为遗嘱执行人之起源"，参见李宜琛：《日耳曼法概说》，222 页，北京，中国政法大学出版社，2003。另有日本学者也持此种观点，相关介绍请参见王志诚：《信托法》，2～3 页，台湾，五南图书出版股份有限公司，2009。

③ 薛波主编：《元照英美法词典》，549 页，北京，法律出版社，2003。

④ 《民法大全》又称查士丁尼民法大全，是 529 年—565 年在拜占庭帝国皇帝查士丁尼主持下完成的法律和法律解释的汇编，其内容包括四部分：《法典》、《学说汇编》、《法学总论》（又译成《法学阶梯》）、法典颁布后的《新律》。

三者，虽然都需经一定的方式为之，但信托的要式更为麻烦，以致市民法上的信托无人愿意采用，并以质权、使用借贷或寄托契约取代……罗马法上的信托虽然消失，但其目的已可以用其他制度取代"①。因此，罗马法上的信托最终未被纳入《民法大全》之中，导致人们对此制度的陌生。后世学者谈论罗马法上的信托，主要指的是《民法大全》中的信托遗赠制度。

　　罗马法上的信托遗赠（fideicommissum）也称为信托赠与、遗产信托，最初是由生活在罗马的异邦人在解决其遗产继承问题时发明的巧妙方法。因为在罗马法上，只有作为罗马市民的自由民才能作为继承人取得遗产，除此之外的其他人则不具有成为继承人的资格，如异邦人和人格减等者。同样地，罗马法对于受遗赠人的资格也有着严格的限制。"市民法关于遗嘱的规定十分苛刻，不仅方式极为严格，手续也很麻烦，遗嘱人须有遗嘱能力，继承人和受遗赠人则须有接受能力。从奥古斯都到君士坦丁一世的很长一段时间里，法律对未婚和已婚女子的遗产接受能力又加以限制。"② 因此，为了规避对于受遗赠人资格的限制，"发展起来这样一种做法：要求被有效指定的继承人或者受遗赠人将其所接受的财产之全部或者某一部分交给遗嘱人列举的受益人。这样的要求没有法律上的效力：此类委托的履行取决于继承人和受遗赠人的忠诚"③。此种做法就是信托遗嘱，它原本并没有得到法律的允许，但是奥古斯都（Augustus）通过指定国库代诉人（advocatus fisci）的方式代遗赠人对受遗赠人违反信托的行为提起诉讼，使这一制度得到了司法上的保障，从而具有了一定程度的合法性。因此，"无疑

---

　　① 陈维铭：《罗马法上之信托概念与现代信托》，31 页，台湾，东华大学财经法律研究所 2009 年度硕士论文。

　　② 周枏：《罗马法原论》，下册，618 页，北京，商务印书馆，1994。

　　③ ［英］巴里·尼古拉斯：《罗马法概论》，黄风译，283 页，北京，法律出版社，2000。

正是奥古斯都开启了信托的历史。他创造的这种司法裁判权带来了深刻的变革"①。由于"这一制度非常符合当时的社会意识"②。后来，"克洛地乌斯帝时设置了'信托大法官'（praetor fidecommissarius）二人，专司信托纠纷。君士坦丁一世规定，信托应有证人作证，优帝一世明定信托须于五个证人前为之，始生效力"③。

甚至，还不能仅仅把信托遗赠看作是实现某些财产遗赠的方法，而要认识到其"核心其实是关于财产的移转"④。在信托遗赠中，被继承人可以设定其遗产移转的对象、时间和条件，由此，"罗马人就有可能藉此实现人类的下列共同愿望：把他的财产'拴住'，使它在脱离第一个接受者之手以后继续受到控制，甚至永远受到控制"⑤。信托遗赠在罗马法上以不同的形式存在了长达六个世纪的时间，成为罗马法上关于继承的一种重要方式。但是，后来罗马法对于遗赠的行使设置了更多的限制，而且这些限制"也一并扩大适用于遗赠附书和遗产信托……在哈德良时代，异邦人和某些身份不确定的人被排除在外，至于接受遗产信托的能力，似乎只有尤尼亚拉丁人才只能通过遗产信托而不能通过遗赠接受财物"⑥。这样导致信托遗赠的适用范围越来越小，使得遗赠与信托遗赠这两种原本不同的制度的区别也越来越小。后来，优帝一世废除了二者仅存的一些差别，将这两种制度合并为一

---

① David Johnston, "The Roman Law of Trusts", Oxford University Press, 1988, p. 40.

② ［意］彼德罗·彭梵得：《罗马法教科书》，黄风译，382 页，北京，中国政法大学出版社，2005。

③ 周枏：《罗马法原论》，下册，619 页，北京，商务印书馆，1994。

④ David Johnston, "The Roman Law of Trusts", Oxford University Press, 1988, p. 9.

⑤ ［英］巴里·尼古拉斯：《罗马法概论》，黄风译，287 页，北京，法律出版社，2000。

⑥ ［意］彼德罗·彭梵得：《罗马法教科书》，黄风译，383 页，北京，中国政法大学出版社，2005。

体，从而信托遗赠便在罗马法上逐渐消逝。

二、英国的用益（Use）制度

从词源上讲，英国的用益一词，并不是来源于拉丁文 Usus[①]，而是来自拉丁文 Opus[②]，后者在公元 1400 年以前的古法语中变成了 Os 或 Oes[③]。但是 Usus 和 Opus 这两个词在有一段时间里被用混了，为了某人利益的财产移转这一现象在土地文件中被不加区别地使用 ad Opus 和 ad Usum 来表示。[④]

英国最早的居民是公元前 3000 年左右从欧洲大陆迁徙到大不列颠岛东南部并定居下来的伊比利亚人。公元前 700 年以后，克尔特人开始从欧洲西部不断移居到不列颠群岛。公元元年前后，罗马恺撒大帝数次试图攻占不列颠未果，到公元 43 年，罗马皇帝克劳狄一世终于率军攻陷不列颠，使之成为罗马帝国的行省。三百多年之后，罗马帝国开始走向衰败，并于 407 年从不列颠撤军，结束了对不列颠的统治。此时，欧洲一些日耳曼部落的盎格鲁—萨克逊人和朱特人从 5 世纪中叶起开始陆续侵入不列颠，并于 827 年建立了统一的英格兰王国。由这段历史可以看出，"英国早期法律的主体是盎格鲁—萨克逊人在征服不列颠人时期从日耳曼带来的，它是根据日耳曼人的习惯形成的"[⑤]。到了 1066 年，法国诺曼底公爵威廉率军攻陷了英国，并加冕为英王威廉一世，诺曼王朝由此建立。诺曼王朝的建立标志着英国法律史的开

---

① Usus 即使用权，是人役权中的一种，指在不浪费资金或财物的条件下，非所有权人使用特定财产的权利，此种权利只有在不对所有权人造成妨碍时才能存续，具有严格的属人性，不得出租或转让。

② Opus 指工作、劳作或工作成果、劳动产品。

③ Oes 指使用、利用。

④ See F. W. Maitland, "The Origin of Uses", *8 Harv. L. Rev. 127* (October, 1894), p. 127.

⑤ 钱弘道：《英美法讲座》，7 页，北京，清华大学出版社，2004。

端，虽然在此之前英国本土存在一些习惯法，"威廉一世在 1066 年并没有立即废除这些传统的法律，也没有在英国法中实现任何突变，但后来，诺曼诸王及其官吏对司法影响极大，从而我们可以大胆地对早期法律的任何影响不予考虑"①。因为自此之后，英国发展起了独具特色的普通法，"普通法是大征服（诺曼征服）的产物，是入侵的法国人（诺曼底人）的法律与英格兰本地的盎格鲁—萨克逊人的固有法律（习惯法和成文法）相融合而成的法律"②。当 14 世纪英国普通法的发展趋于僵化和停滞时，法官们还逐渐发展起了一个衡平法的体系。正是在这样的历史背景下，从 13 世纪开始，在英国逐渐产生了用益（Use）制度，其产生的主要原因有以下三方面：

第一，佃户无合法继承人时实现对永佃权的继承。

"在所有考虑到的情形中，遗赠关系最可能是用益权的起源。"③中世纪的英国，国王把土地赏赐给效忠他的属下，这些属下再将土地进行分封或者租赁给农民进行长期耕作，佃户们对领主的土地享有永佃权。"在 11 世纪最后 40 年诺曼和英格兰的特许状不仅开始使用'永佃'这一词语来描述一个实际的地产，也开始使用短语'以永佃形式'对一种特定的土地占有形式进行分类。"④佃户们虽然不能将这种占有土地的权利进行转让，但是对其所占有的领主的土地可以进行继承。当然，佃农们在使用领主的土地进行耕作以供养自己的家人的，也要对领主承担沉重的封建徭役，因为"使用这种土地需对领主担负劳役

---

① ［德］K. 茨威格特、H. 克茨：《比较法总论》，潘汉典、米健、高鸿钧、贺卫方译，273～274 页，北京，法律出版社，2003。

② ［英］约翰·哈德森：《英国普通法的形成——从诺曼征服到大宪章时期英格兰的法律与社会》，刘四新译，译者前言第Ⅲ页，北京，商务印书馆，2006。

③ ［英］S.F.C. 密尔松：《普通法的历史基础》，李显东、高翔、刘智慧、马呈元译，226 页，北京，中国大百科全书出版社，1999。

④ ［英］约翰·哈德森：《英国普通法的形成——从诺曼征服到大宪章时期英格兰的法律与社会》，刘四新译，101 页，北京，商务印书馆，2006。

和租税（通常以实物缴纳）"①。而且，佃户的成年继承人在继承土地时，还需要缴纳继承金。

然而，由于中世纪英国在继承上实行长子继承制，因而在佃户没有合法的继承人时，其所享有的对土地的权利便面临着危机："如果有人在死亡时没有任何继承人——例如，没有儿子或女儿，也没有任何毫无疑义地可以作为其继承人的最亲近且合适的人——永佃地产的领主可依习惯将该地产作为无主继承的财产收回，不管领主是国王本人还是任何其他人。"② 因为没有合法继承人的土地就会成为无主财产而由领主取得永久控制权，佃户们无法向非长子的子女、未成年的子女或者非婚生的子女提供可靠的财产作为生活来源。为了避免永佃权被收回，面临继承危机的佃户们在当时所能够采取的较好的措施便是"直接将土地授与一些朋友来掌管，在去世之前由他使用或受益，然后再根据他的指示将土地转移。如果愿意，他可以改变自己的指示，但如果他最后表达的愿望，是由他的朋友将该土地转移给他女儿，他们自然会照此办理"③。这种措施有效地避免了领主通过长子继承制来剥夺无合法继承人的佃户的永佃权的危险，而且这种巧妙的安排只构成对法律的规避，而没有明显的违法，因此能够正式存在，并在日后得到衡平法的确认和支持。

第二，为了向教会赠与土地。

"中世纪早期绝大多数英国人都是虔诚的甚至是狂热的宗教信徒，教徒们信奉只有死前多作捐献，死后才能升入天堂的教义，往往愿意

---

① ［比］亨利·皮郎：《中世纪欧洲经济社会史》，乐文译，58页，上海，上海世纪出版集团、上海人民出版社，2001。

② ［英］约翰·哈德森：《英国普通法的形成——从诺曼征服到大宪章时期英格兰的法律与社会》，刘四新译，231页，北京，商务印书馆，2006。

③ ［英］S. F. C. 密尔松：《普通法的历史基础》，李显东、高翔、刘智慧、马呈元译，87页，北京，中国大百科全书出版社，1999。

将自己的土地部分甚至全部捐献给教会等宗教团体，并逐渐成为一种习惯。"① 这样一来，宗教团体也成为了大片土地和大量房屋的拥有者。"例如圣特隆修道院就是一个大地产的领主，它的大地产散布在修道院的周围，但是它所拥有的附属地，在北方远达尼模威根近郊，在南方远达特里尔近郊……这是土地集中的结果。从教会方面说来，是由于广大施主不断的捐赠。"② 但是，由于宗教团体无须履行土地上所附属的各种租税、徭役，所以当土地向宗教团体集中时，领主们的利益便受到损害。因此，英国立法开始关注向宗教团体赠与土地的行为，"对土地让与的这种关注似乎主要是针对那些规避履行土地附随义务的行为；既然教堂永远也不会死亡，领主会失去其收取土地继承税的权利以及对未成年继承人的土地监护权，而且教堂与人结婚当然也是不可能之事。"③ 1279 年，爱德华一世颁布了《永久产业管理法》（Statutes of Mortmain)④，该法"通过禁止将土地转让给教会、修道院及其他法人团体（除非取得国王的特许状）的规定，保护了国王的封建权益"⑤。人们想出了规避这一法律的办法，即不直接向教会捐赠土地，而是将土地捐给他人，但是约定该土地由教会使用和收益，这样就能达到让教会收益的目的而又不违反法律。同时，有些教会要求修

---

① 余辉：《英国信托法：起源、发展及其影响》，48 页，北京，清华大学出版社，2007。

② ［比］亨利·皮郎：《中世纪欧洲经济社会史》，乐文译，57 页，上海，上海世纪出版集团、上海人民出版社，2001。

③ ［英］约翰·哈德森：《英国普通法的形成——从诺曼征服到大宪章时期英格兰的法律与社会》，刘四新译，245 页，北京，商务印书馆，2006。

④ 该法又被译为"死手法"、"没收法"，根据《元照英美法词典》，该法的目的在于防止土地沦入"死手"，如教会、慈善团体等。禁止土地转让成为"死手财产"（转让给社团）的做法始见于 1215 年的《大宪章》（Magna Carta, The Great Charter)，以后有多次立法予以补充、更替（1279 年、1285 年、1391 年、1735 年、1888 年），1960 年完全废止。

⑤ 程汉大主编：《英国法制史》，105 页，济南，齐鲁书社，2001。

士们保持清修而不能拥有财产，这也需要修士们既不"拥有"财产而又能利用财产。用益制度正好能够同时满足这两种要求。对此，梅特兰曾举例作出了详细的描述：

"在13世纪早期，天主教圣芳济修会（Franciscan）的修士们来到英国布道，他们的清修戒律不允许他们拥有任何财产。但修士们毕竟也是人，他们也需要哪怕是最简陋的容身之所。于是虔诚的信徒们向修士们奉献出了宽敞的房屋。但如何才能让修士们放心地拥有这些房屋？对此，信徒们采取了一个巧妙的方法，即信徒们'为了修士们的使用'或'为了修士们的居住'而将这些房屋移转给了当地市镇社区。这样，修士们就可以放心地长久拥有容身之地。同样地，信徒们为了圣芳济修会的利益还将大量的土地转让给了市镇。市镇当局成为了受托人。一种老旧的说法是，用益制度是由牧师或僧侣发明的。现在我们就知道了，最初在英国大规模使用用益制度的，既不是牧师，也不是僧侣，而是天主教圣芳济修会的修士。"①

第三，战争时期对自己土地权利的保护。

英国在12、13世纪里参加了数次十字军东征战争②，战争的残酷和结果的莫测使参加战争的人们担心自己的土地无人照顾管理而荒芜甚至被外人占有，或是担心一旦出现不测，自己的家人将失去生活的保障，因此事先便将自己的土地转让给可资信任的亲戚或朋友，请他们代为经营管理土地，或将土地的收益交给自己的家人以供生活使用。对此，海顿曾描述道："当骑士们离开家园去参加十字军东征时，他将

---

① F. W. Maitland, "The Origin of Uses", *8 Harv. L. Rev. 127* (October, 1894), p. 130.

② 十字军东征（The Crusades）是在1096年到1291年间西欧基督教（天主教）国家对地中海东岸的国家发动的八次宗教性军事行动的总称，主要目的是从伊斯兰教手中夺回耶路撒冷。东征期间，教会授予每一个战士十字架，组成的军队称为十字军，因此称为十字军东征。

他在土地上的权利授予他的朋友，让他的朋友在他回来前，为了他自己、他的夫人和孩子对土地的使用而持有该土地。或者如果他战死国外，他的朋友应该为了骑士的长子而持有土地。"① 1455 年至 1487 年英国兰开斯特王朝（House of Lancaster）和约克王朝（House of York）的支持者之间为了英格兰王位而开始了长达三十年的玫瑰战争（Wars of the Roses）。"在这场势均力敌的内战中，双方对于各自敌对方的财产采取没收政策……为了避免自己的土地成为敌方的战利品，双方贵族纷纷借用'Use'形式将土地技术性地转移给自己的亲朋好友。"② 因此，用益在战争期间是保护自己土地权利的一种有效方式，得到了广泛的使用。

正是由于上述三方面的原因，用益制度在英国产生并得到推广，在许多方面成为人们保护自己的土地和产业、自由行使权利的方法。但是，对于国王而言，臣民的这些规避法律的方法显然对己不利：既减少了自己征收土地赋税的来源，又减少了没收无人继承土地的机会，还壮大了教会的财力和势力。因此，"1535 年，英王亨利八世（Henry Ⅷ）推动议会颁布了信托发展史上最重要的单一法案：《用益法》（the Statutes of Uses）"③。该法案试图对当时民间盛行的用益制度进行改造甚至废除，用以增加税收、填补战争开支的需求。根据该法案的规定，一旦委托人为了受益人的利益而将财产权移转给受托人，则法律直接使受益人成为信托财产的所有权人，使之不得不承受所有权变动时所产生的赋税。由此，用益制度规避法律以减免赋税的功能就不复

---

① ［英］D. J. 海顿：《信托法》，4 版，周翼、王昊译，11 页，北京，法律出版社，2004。

② 钱弘道：《英美法讲座》，295 页，北京，清华大学出版社，2004。

③ Graham Moffat with Gerard Bean and John Dewar and Marina Milner, *Trusts Law: Text and Materials（Third Edition）*, London: LexisNexis Butterworths, 2002, p. 29.

存在了，而且以遗嘱遗赠土地而达到照顾未成年子女的目的也无法实现了。该法案引起了人们的强烈不满，为了规避该法案的适用，人们想出了"双重用益"的制度设计，从而实现了这一目的。双重用益的制度是在原有用益的基础上再增加一次用益，即，原来的用益制度是：甲为了丙的利益而将财产转让给乙，由乙为了丙的利益而在名义上拥有该财产。现在《用益法》直接将丙视作该财产的所有权人。如果再增加一层用益，即"丙为了丁的利益而在名义上拥有该财产，丁才是真正的受益人"。那么要实现将丁作为真正受益人而免于被《用益法》发现而被认定为所有权人的话，只需要增加一个受托人乙和一个假的受益人（同时为真正的受托人）丙，就能够实现这一目的了。因为《用益法》的效力无法及于第二层用益，该双层用益的第二层用益被称为"Trust"，并得到了衡平法院的确认和保护。此外，《用益法》的适用范围也比较窄，仅限于自由保有地的用益制度，并不包括动产用益（Use declared on property other than freehold estates on land）、积极用益（Active uses）及用益之上的用益（A use upon a use）。在《用益法》颁布之前，在法官的意见和学者的论述中，经常是将用益和信托混用的，两者区分并不十分明确，即"Use 之实行，在 feoffor 即让与人（委托人）与 feoffee to uses 即受让人（受托人）之间，必须有信任信赖之关系存在，故 Use 有时称为 Trust"①。但是由于《用益法》承认了一部分用益而否认了上述三种用益，因而为了加以区分，人们将《用益法》所承认的用益叫做用益，而将该法不承认的用益叫做信托。随着社会经济的变迁，恰恰是信托这种法律所不愿承认和执行的仅被衡平法院执行的财产处置方式，代替了法律所承认的用益和其他普通法上的土地权利，成为了家庭财产协议中运用最广泛的财产处分方式。"这一转变的根源——在 17 世纪、18 世纪和 19 世纪里清晰可见——

---

① 史尚宽：《信托法论》，3 页，台湾，"商务印书馆"股份有限公司，1972。

是人们所拥有财富的性质的根本改变。英国已经从土地作为私人财产的主体的农业社会转向了商业、工业和金融作为私人主要财富的社会。"① 到了 1925 年，英国在土地法方面进行了彻底的改革，颁布了《财产法》、《限制授予土地法》、《不动产管理法》、《土地登记法》等法案，并废除了《用益法》。从此，"所有的信托都可以《用益权法》颁行前设立'Use'的方法予以设立，'Use'和'Trust'的区别遂不复存在而完全统一于'Trust'的概念之中。现代信托制度得以最终确立"②。回顾这段历史，有学者指出，"正是《用益法》所排除适用的用益类型成为了现代衡平法上的信托发展的起点"③。

此外，在用益制度中，委托人基于对受托人的信任而将财产移转给受托人，一旦受托人不履行使受益人受益的义务，受益人的权益便面临着不能实现的风险。而中世纪的普通法由于不承认用益权的概念，所以在法律上并未对受托人课有履行信托义务的法律责任，从而容易引发受托人不履行信托义务的风险，并且在实践中产生了一些受益人无法得到救济的案件，有违于法律的公平和正义的理念。对此，法官们无法坐视不管，因此，法官们根据自己内心的良知和公平正义感来审理此类案件，"不受普通法救济的束缚，并且创设了自己的救济方式……我们已经看到，普通法并不承认信托中受益人的利益，由此允许合法的占有者自由处理财产，对他人的利益视若无睹。但是，衡平

---

　① Graham Moffat with Gerard Bean and John Dewar and Marina Milner, *Trusts Law: Text and Materials* (*Third Edition*), London: LexisNexis Butterworths, 2002, p. 31.

　② 钱弘道：《英美法讲座》，296～297 页，北京，清华大学出版社，2004。

　③ Graham Moffat with Gerard Bean and John Dewar and Marina Milner, *Trusts Law: Text and Materials* (*Third Edition*), London: LexisNexis Butterworths, 2002, p. 30.

法可以强制执行受益人的利益"①。

由此可见，英国人民对于不合理的法律的规避以及衡平法对受益人的保护，共同促成了用益制度的发展壮大。爱德华·柯克爵士曾形象地总结道："用益制度有两个发明者，即恐惧和欺诈。恐惧是为了在动乱时期和内战时保护遗产不被没收；欺诈是为了规避到期债务、合法诉讼、监护、领主的土地复归权、教会的永久管业权等。"②

三、两者的比较

由上述内容可知，罗马法上的信托遗赠与英国法上的用益确实存在着一定的相似之处，例如都涉及三方当事人，都是委托人为了某人的利益而将自己的财产托付给第三人。因此，"翻译拉丁语 fideicommissum 时，在英语甚至法律英语中所能找到的最理想的词只能是信托（trust）"③。但是，两者的区别则是更深刻的，这也是对主张信托制度起源于罗马法观点的最有力的批判：首先，两者适用的范围不同。"英国的用益在其早期阶段极少是作为最后遗嘱的结果出现，但信托遗赠则是专属于遗嘱法的内容。"④ "在罗马法上信托只能作为死因行为而存在，它关注的主要不是对财产进行管理，而是将财产返还给他人。现代的信托和税法实质上是密不可分的，而在罗马法

---

① ［英］丹尼斯·基南：《英国法（第 14 版）》（上册），陈宇、刘坤轮译，17页，北京，法律出版社，2008。

② Graham Moffat with Gerard Bean and John Dewar and Marina Milner, *Trusts Law: Text and Materials（Third Edition）*, London: LexisNexis Butterworths, 2002, p. 27.

③ David Johnston, *The Roman Law of Trusts*, Oxford University Press, 1988, p. 1.

④ F. W. Maitland, "The Origin of Uses", *8 Haru L. Rev. 127*（October, 1894）, p. 136.

上，赋税方面的因素从来没有成为过设立信托的动机。"① 其次，受托人的地位和作用不同。罗马法上的信托遗赠制度与用益的另一个区别就是：被视为遗产真正所有权人的，是信托遗赠中的受遗赠人而不是中间人。② 遗赠物被视为是有待受遗赠人向受托人"追偿"的财产。③ 也就是说，信托遗赠中受托人的地位不同于用益制度中受托人（trustee）的地位，"一方面，当遗产信托要求立即转让财产时，遗产信托受托人的地位只是形式上的和过渡性的；另一方面，当遗产信托设立了一定的沉淀期时，受托人则取得全部的受益人利益"④。最后，概念用语不同。从概念用语上来看，"如果英国的用益就是信托遗赠的话，那么用益就应该被称做信托遗赠了，而事实却正如我们所看到的那样，用益是一个从 ad opus 和 ad usum 之类的词语中逐步发展起来的概念"⑤。正是这三方面令人无法忽视的巨大差别，使得英国的用益和罗马法上的信托遗赠成为两种完全不同的制度。"这些批评使得学者们得出结论：信托遗赠（fideicommissum）和用益（use）之间任何所谓的相似性都是只是表面上的。"⑥

如前所述，罗马法上的信托（fiducia）由于其未能被纳入《民法

---

① David Johnston, *The Roman Law of Trusts*, Oxford University Press, 1988, pp. 283 - 284.

② Haeres fiduciarius 是罗马法上的信托继承人，是指"由遗嘱设定的为他人利益接受遗产的继承人。该人名义上是继承人，实际上是遗嘱人和受益人的中介人"。薛波主编：《元照英美法词典》，623 页，北京，法律出版社，2003。

③ See Vincent R. Vasey, "Fideicommissa and Uses: The Clerical Connection Revisited", *42 Jurist 202 - 03 n. 6.* (1982).

④ ［英］巴里·尼古拉斯：《罗马法概论》，黄风译，285 页，北京，法律出版社，2000。

⑤ F. W. Maitland, "The Origin of Uses", *8 Haru. L. Rev. 127* (October, 1894), p. 137.

⑥ Avisheh Avini, "The Origins of The Modern English Trust Revisited", 70 *Tul. L. Rev.* (March, 1996), p. 1149.

大全》之中而早早消逝，罗马法上的信托遗赠（fideicommissum）又因优帝一世废除了其与遗赠仅存的一些差别并将这二者合为一体之后，也在罗马法上逐渐消逝了。"罗马法和委托遗赠之类的制度均不是信托概念的源泉。"① 可以说，信托遗赠在罗马法本身就不是一种具有强大生命力的制度，也更不可能成为后世蓬勃发展的信托制度的源头活水。即便是英国的用益制度曾经受到了罗马法上信托遗赠制度的某些启示，这一"受到罗马法影响的假设并不就是说衡平法接管了罗马法上信托遗嘱停下来的地方，并将之发展成为一种现代化的工具"②。两者之间毕竟存在着巨大的鸿沟。在看待英国的信托是否产生于罗马法上的信托遗赠制度这一问题上，实际上还涉及了罗马法对英国法的影响这一较为宏大的话题，按照布莱克斯通的观点，罗马法对英国人确实有一定的影响，但是绝不可高估这种影响，因为英国法律上绝大多数制度并不是根据罗马法而来的，而是自我发展起来的。布莱克斯通在 1758 年 10 月 25 日出任牛津大学瓦伊纳讲座教授时曾谦虚而又自豪地讲道：

"当然，即使在英国本土，罗马法也并未被完全忽视。对罗马法的判决的略微了解即理所当然地被认为是一个绅士不小的成就……与此同时，罗马法及这些国家自己的国内法虽然建立在最坚实的基础之上且已为长久以来的经验所认可，但在我国却被所有的人忽视甚至完全不为他们所知（只除了真正应用它的法律界人士之外），这不能不说是与我国值得称道的法律体系非常不和谐的一种现象。当然，我的本意绝非贬低对罗马法的研究，因为罗马法不仅仅是一种具有法律约束力的权威，同时也是成文理性的总集，没有人比我更确信它的

---

① ［英］沃克：《牛津法律大辞典》，李双元等译，1124 页，北京，法律出版社，2003。

② David Johnston，*The Roman Law of Trusts*，Oxford University Press，1988，p. 285.

法律条款是多么出色，它的判决又是多么公正；也没有人比我更明白，它对于学者、神职人员、政治家甚至是普通法学家来说是多么有用，又为他们增添了多少光彩。但我们不能对其崇拜过甚，以至于为了狄奥多西和查士丁尼而舍弃了我们的阿尔弗烈德和爱德华。我们也不能只遵循古罗马执政官的法令或罗马皇帝的诏书而无视我们古老的传统或议会的决议。除非我们宁愿生活在罗马和拜占庭君主的独裁统治之下（前者的得以实行正是依靠罗马和拜占庭帝国的鼎盛），而不愿享受英国自由的宪法（后者正是因为适应这种宪法才得以流传下来）。"①

　　因此，我们必须承认，现代信托制度是英国本土发展起来的独特制度，其发展和产生具有社会的必然性，是中世纪英国人民在前述三种不同处境下，为了实现按照自己的意愿处置财产的目的而能想出的唯一可行的办法。这一制度也成为英国衡平法的标志和英国法的骄傲，梅特兰曾言："如果我们被问到在法理学领域什么是英国人所得到的最重要、最特别的成就，我认为我们所能给出的最佳答案就是世世代代英国人对信托观念的发展。"② 所以我们必须正视一个事实，那就是我们现在所看到的信托，是一种纯正的英国法的产物，而不是罗马法的遗产。因此大陆法系国家必须认真对待这一现实，才能在如何移植信托制度的问题上尽可能地谨慎和细致处理，以实现英美法系的信托制度与大陆法民法体系的融合；否则，如果想当然地以为信托就是罗马法上的制度，所以大陆法也存在信托这样的制度的话，就可能会导致英美法上的信托在大陆法系国家沦为委托的命运。有英国学者就曾敏锐地指出："事实上在民法法系中不存在信托概念。信托与民法法系中

---

　　① ［英］威廉·布莱克斯通：《英国法释义》，第 1 卷，游云庭、缪苗译，5～6 页，上海，上海人民出版社，2006。

　　② ［英］F. W. 梅兰特：《国家、信托与法人》，樊安译，67 页，北京，北京大学出版社，2008。

的委托遗赠有类似之处，但毕竟有着天壤之别；后者实际上是一个完全不同的概念。"①

另外一个值得探讨的问题，就是信托制度的诞生是否带有逃法、脱法的"原罪"。所谓脱法，是指当事人通过合法的方式来实现法律原本所禁止的目的的行为。在许多关于信托制度的介绍中，都讲到英国信托制度的产生，是人民逃避法律的结果，所以信托是"本身所具有的规避法律的消极作用"② 的制度。许多人认为信托制度的产生带有违法性，是为了逃避法律的，因此是不光彩的。而我们属于成文法国家，以立法为中心来带动法律的适用和遵守，成文化的立法具有较高的权威性，"有法必依"，逃避法律是可耻的甚至是违法的，如果认为信托制度诞生于对法律的逃避，那么便会导致人们对信托制度在内心深处的怀疑和不信任，唯恐此种制度引入中国之后同样会导致人们对法律的逃避，从而有害于社会主义法制建设。持这种观念的人们还不在少数，甚至有不少学者和立法机构的官员也有此种印象，因此这在一定程度上影响了信托制度在我国的发展。从前文对用益制度产生的原因分析来看，用益制度的产生确实是由于人们不满于当时法律的不当限制而不得不采取的灵活规避的应对方法，但这并未构成违法，"有证据表明并没有出现什么错误，最初的用益权就是为了避免《用益权法》的实施，但它并未采取可能骗税的方法"③。即便是脱法行为，也并非一定无效，在理论上，"脱法行为是否有效，须视强行法所禁止之事项其立法目的是否以维护社会经济交易安全为唯一目的，如是，则

---

① ［英］沃克：《牛津法律大辞典》，李双元等译，1125 页，北京，法律出版社，2003。

② 张建文：《俄罗斯信托法制的本土化路径——从"信托所有"到"信托管理"》，载《月旦民商法杂志》第 25 期（2009 年 9 月），130 页。

③ ［英］S.F.C. 密尔松：《普通法的历史基础》，李显东、高翔、刘智慧、马呈元译，257 页，北京，中国大百科全书出版社，1999。

在社会公共利益（Public Polily）考量下，应解为无效，否则仍为有效"①。而且，我们还必须看到，英国的衡平法同样具有法律的效力，甚至具有"衡平法优先，普通法居次"的更高效力，所以表面上看，用益制度违反了英国普通法，但是其得到了衡平法的支持，因此并不违法。在大陆法系并不存在衡平法与普通法这样两个法律体系，因此会忽视衡平法的作用，从而误以为用益制度是违法的产物。对于人们的这一误解，有学者强调，信托之所以具有能够不断产生新的功能的巨大活力，这"并非因为信托是一种规避法律的特别聪明的方法。信托并不是，也不曾是规避法律的方法，因为它具有可诉性"②。这种可诉性正是衡平法所赋予的，即用益制度产生之后便受到了衡平法的保护，衡平法允许受益人在权利受到受托人的侵犯时可以向衡平法院起诉，因此具有合法性。总之，正如密尔松所言，"为了清晰起见，最合适的观点应是，'信托'是被用来描述法令所未调整的某种安排"③。

　　灵活性是信托制度的最大特点，也是其旺盛的生命力之所在，"信托的重要性就在它的自由，它为法学家们提供了从一些极为有限的原则中扩充和发展出一个完整体系的潜力"④。信托制度赋予权利人处置自己财产的极大自由和空间，同时也使得受益人受益的方式具有多样性。委托人通过合同的方式与受托人约定财产管理和处分的方式，以及使受益人受益的方式，通过合同这一私法自治的有效手段实现了信托制度的多样化。首先，合同的内容具有极大的自由。只要信托合同的目的和内容不违法，则任由委托人和受托人对其进行约定。

---

① 林诚二：《民法总则》，下册，326 页，北京，法律出版社，2008。

② David Johnston, *The Roman Law of Trusts*, Oxford University Press, 1988, p. 288.

③ ［英］S. F. C. 密尔松：《普通法的历史基础》，李显东、高翔、刘智慧、马呈元译，256 页，北京，中国大百科全书出版社，1999。

④ David Johnston, *The Roman Law of Trusts*, Oxford University Press, 1988, p. 288.

其次，信托合同的主体并非单一的主体，而是可以加以变化。例如，在英美信托法上，委托人可以自己担任受托人，委托人也可以自己同时兼任受益人的身份，当信托的受益人是复数时，受托人也可以成为其中一名。再次，受益人可以是确定的，也可以是不确定的。为了一个概括的目的而设立的信托同样有效，甚至是造福社会的有效工具，如公益信托。受益人的人数既可以是单数，也可以是复数，没有什么特别的限制。最后，委托人和受托人之间的信托合同可以进行登记向外公示，也可以不进行登记，甚至可以有意隐瞒、不让外界所知，如秘密信托。可见，英美法上的信托制度赋予了当事人极大的行为自由，"信托将形式上的障碍减少到最小。义务的根源来自于信任而非形式；设立遗嘱不需要形式上的表达，只需要表达出了明确的意图即可"①。这种自由和灵活性在罗马法上的信托遗赠制度上是根本不具备的，在大陆法系的既有财产处理制度中，也难有与之可以媲美的制度，这就是大陆法系国家逐步开始引入信托制度的原因。梅利曼指出：

"大陆法系并没有和信托相符的财产制度。信托制度配置财产的通用及灵活性，连同其独特的司法属性，使其独一无二。大陆法学者可以说，其本土的制度也可以达到和信托同样的法律功效，但毫无疑问，任何一项制度在法律结构和效果上都迥异于信托。大陆法系中没有单一的和信托相似的概念，多项制度结合达到和信托相似的效果也不等于是同一制度。信托，一如合同，是具有通用和灵活性的基础制度，但异于合同，其在大陆法系中并无对应。"②

---

① David Johnston，*The Roman Law of Trusts*，Oxford University Press，1988，p. 287.

② ［美］约翰·亨利·梅利曼：《所有权与地产权》，赵苹苹译，载《比较法研究》，2011（3），158 页。

第三节　信托制度的发展

一、信托在美国的继受

　　美国和英国同属英美法系，而且美国最初是英国的殖民地，移民者难免会继受英国法。早期到达北美洲的清教徒将英国的法律制度带到了美国，其中也包括信托制度。在美国独立战争之前，由于经济尚不发达，信托制度运用也较少。在美国独立战争之后，随着美国工业的发展，信托制度的运用日渐广泛，建立了一些全国范围的信托公司。到了南北战争之后，美国在全国范围内建立了资本主义市场经济制度，信托制度开始伴随并配合着工商业的发展而在各个方面得到了蓬勃的发展，"就产业金融方面，各种设备信托或担保公司债之信托，均利用信托制度而为设计。就个人方面，其亦利用信托而委托他人为投资，其亦推广于各种年金制度，而使信托制度于证券市场上受广泛之应用"①。在家庭财富的继承上，为了确保家族产业的稳定经营以及防止财富被子女挥霍，遗嘱信托在美国也得到了广泛的运用，许多富有的家庭都是通过信托使子女拥有长久的受益权，而不是简单地让子女直接继承财产。美国和英国一样，也属于判例法国家，在法律的运作体系中是以司法为中心而带动法律的发展。由于美国的法律制度来源于英国的普通法，在早期，美国信托方面的判例甚少，因而教师们在教授信托法时不得不讲授较多的英国信托法的内容。"多年来，在美国的法学院课堂上，信托法只是在衡平法概述的课程中才做一些讲授，直

---

　　① 陈春山：《我国信托法制之发展》，载《月旦法学杂志》，第 7 期（1995 年 11 月），79 页。

到 1882 年，Ames 教授才首次开设了独立的信托法课程。"① 在美国法院长期的审判活动中，逐渐形成了越来越多的有关信托的判例，美国的信托制度在此基础上也逐步得到了发展。到了 19 世纪末期，美国信托法已经开始发展出了具有自身特色的内容，使得其与英国信托法逐渐成为各具特色的法律制度。例如，在 19 世纪后期，"英国信托法的发展主要是通过制定各种相关法规来实现的。而美国的法院则逐渐采纳了一些并不为英国法所熟知的学说，这一点尤其体现在后来有关反挥霍信托的判例上。美国法学院的教师在给学生讲授信托法时居然只和学生讨论英国信托法的先例，这在此时已经完全是不可想象的了"②。

同时，由于美国各个州都有自己的立法权，因而美国并没有全国范围内的统一信托立法，只是在州一级的立法层面上，有一些关于信托的成文州法，例如《特拉华州商业信托法》③。由于每个州的立法都不一样，因而在全国范围内而言，法律的适用就存在一些差异性，为了消除这种差异、实现法律适用上的统一，美国的两个民间组织——"统一州法委员会"和美国法律协会的"法律重述委员会"一直为之不断的努力。其中，成立于 1892 年的"统一州法委员会（The National Conference of Commissioners on Uniform State Laws，缩写为 NC-CUSL）"旨在"通过提供无党派性的、精心设计的、良好起草的法律

---

① Austin Wakeman Scott, "Fifty Years of Trusts", *1Harv. L. Rev. 50*（November，36）p. 60.

② Austin Wakeman Scott, "Fifty Years of Trusts", *1Harv. L. Rev. 50*（November，36）p. 61.

③ 《特拉华州商业信托法》(Delaware Business Trust Act) 于 1988 年 10 月 1 日起生效实施。2002 年，特拉华州对该法进行了修改，修改之后该法被命名为《特拉华州法定信托法》(Delaware Statutory Trust Act) 并于当年 9 月 1 日起生效实施。

而为各州法律的关键领域带来明确性和稳定性"①。该委员会在信托法领域也制定了一部《统一信托法典》(The Uniform Trust Code，缩写为 UTC)，该法最新的修订是在 2005 年。这是美国历史上首次对信托法加以法典化的努力。根据该《统一信托法典》，信托在一个自然人（称为委托人）向另一个人（称为受托人）移转财产时成立。② 该法典在适用范围上包括了所有的意定信托 (voluntary trusts)，非意定信托 (involuntary trusts) 如推定信托不包括在内。该法典除了适用于普通信托（其中包括收入受益人和信托结束的剩余财产受益人）以外，同样也适用于慈善信托和其他的名誉信托如"宠物信托"③。该法典还承认了反挥霍信托 (spendthrift trust) 和宣言信托 (oral trust)。该法典还区分了可撤销信托 (revocable trust) 和不可撤销信托 (irrevocable trust)。

美国法律协会 (American Law Institute，缩写为 ALI) 成立于

---

① National Conference of Commissioners on Uniform State Laws，Uniform Trust Code 2005 (With Prefatory Note and Comments).

② See National Conference of Commissioners on Uniform State Laws，Uniform Trust Code (Last Revised or Amended in 2005).

③ Uniform Trust Code (Last Revised or Amended in 2005)，Section408 (Trust for Care of Animal)：(a) A trust may be created to provide for the care of an animal alive during the settlor's lifetime. The trust terminates upon the death of the animal or，if the trust was created to provide for the care of more than one animal alive during the settlor's lifetime，upon the death of the last surviving animal. (b) A trust authorized by this section may be enforced by a person appointed in the terms of the trust or，if no person is so appointed，by a person appointed by the court. A person having an interest in the welfare of the animal may request the court to appoint a person to enforce the trust or to remove a person appointed. (c) Property of a trust authorized by this section may be applied only to its intended use，except to the extent the court determines that the value of the trust property exceeds the amount required for the intended use. Except as otherwise provided in the terms of the trust，property not required for the intended use must be distributed to the settlor，if then living，otherwise to the settlor's successors in interest.

1923 年。当时，美国一群杰出的法官、律师和教师组成了一个名为"促进法律发展永久组织筹备委员会"的团体，该委员会得出的研究报告促成了美国法律协会的产生。该委员会在报告中指出，美国法律中的两大缺陷（即不确定性和复杂性）已经使得人们对于法律执行的公正程度普遍感到不满意。该委员会认为，美国法律的不稳定性部分来源于对普通法的基本原则缺乏共识，同时美国法律的复杂性由缘于美国国内不同司法管辖区域内法律的诸多差异和变化。由此，该委员会建议成立一个律师组织以促进法律的明晰和简洁，这一建议实施的结果就是美国法律协会的诞生。①

　　美国法律协会的会员分为两类：一类是由联邦最高法院法官、上诉法院资深法官及各州最高法院院长所组成的职务会员；另一类是选举会员，由来自美国各地甚至其他国家的法官、律师和法学教授组成，此类会员基于其法律专业上的成就和其所表现出来的对促进法律发展的热情而被选举产生。美国法律协会的执行机构是一个由 33 人组成的理事会。美国法律协会成立之后所作出的最重要的努力，就是根据"促进法律发展永久组织筹备委员会"的建议，通过对"能够让法官和律师明白某部法律是什么"的基本法律问题进行重申和重新陈述，以消除各部法律内部的不确定性。这一努力的书面成果，就是被我们称为"美国法律重述"的、包含了美国各个法律领域的系列出版物。美国法律协会作出法律重述的基本步骤是：第一步，由一位在某一法律领域享有盛誉的知名学者担任该部法律的报告人，针对该法律领域起草一份重述的草案；第二步，一个由该法律领域内知名专家组成的顾问委员会对报告人起草的重述草案进行审查；第三步，由美国法律协会的理事会针对顾问委员会审查过的草案再进行审读，将之做成暂定草案（tentative draft）；第四步，理事会将暂定草案发放给美国法律协

---

① 相关介绍请参阅美国法律协会官方网站，网址：http：//www.ali.org。

会的每一位会员征求意见，并在年会上进行修改订正；第五步，由最初的报告人针对会员们的修订意见再对草案进行修改甚至重新起草。最后得出的报告就是正式的法律重述。

在 1923 年至 1944 年间，美国法律协会陆续完成了第一批法律重述报告，包括数个重要法律部门。其中，信托法的重述工作于 1927 年开始，至 1935 年完成，从事该重述工作的主要人员都是当时最著名的衡平法学者，包括 Austin W. Scott 教授、George G. Bogert 教授、Erwin N. Griswold 教授和 George P. Costigan 教授，可谓阵容强大。H. G. Hanbury 教授在该报告作出之后就曾笑言：“现在就预测这一项目将会成功或失败为时尚早，但是，通过信托法委员会的专家名单，我们知道这份报告一定是成功的。”① 美国法律协会最后得出的信托法重述分为两卷本，共计 1 400 页。

美国法律重述是一项随着时代的发展而不断更新和变化的工作，当判例、立法和学说的发展有了一定的积累之后，法律重述工作也随着重新进行。1952 年，美国法律协会开始了信托法重述第二版的编纂工作，这一工作于 1959 年完成，形成了三卷本的第二版信托法重述。

信托法重述第三版的编撰工作始于 1992 年，目标是编纂一部四卷本的新重述以取代第二版的重述，这一工作至今仍在进行之中，尚未全部完成。其间，美国法律协会于 2003 年完成并出版了信托法重述第三版中的第 1 卷和第 2 卷，这两卷的重述由加州大学伯克利分校法学院的 Edward C. Halbach 教授担任报告人，内容涵盖了信托的性质、信托的成立、信托的构成要件、受益人的权利以及信托的变更和终止。随后，美国法律协会于 2007 年完成并出版了信托法重述第三版中的第

---

① H. G. Hanbury, "The American Law Institute's Restatement of Trusts", *The University of Toronto Law Journal*, Vol. 2, No. 1 (1937), p. 50.

3 卷，该卷内容是关于信托受托人的权利和义务。2009 年 5 月，在美国法律协会的理事会上做成了第 4 卷的暂定草案。2012 年，美国法律协会出版了信托法重述的第 4 卷，这也是最后一卷。该卷主要规定信托的管理，尤其是信托义务的违反、法律责任及相应的救济措施。

二、信托在大陆法系国家的移植

信托制度由于其在财产管理和处分上的优势而逐渐得到越来越多的国家和地区的认同，不少大陆法系国家和地区也开始将这一发轫于英美法系的制度移植到本国。正如梅利曼所言："所有的财产权制度中，只有信托被两大法系的比较法学者广为探讨，它也是唯一一个被成功移植到其他体系的普通法制度。"[①] 在移植信托制度的过程中，"失去衡平法的信托"[②] 虽然面临着和大陆法系传统观念的融合的诸多难题，但毕竟信托制度逐渐在大陆法系国家和地区扩散开来并开始生根发芽成长。以下选取部分大陆法系国家或地区来对信托制度的移植做简要分析。

(一) 法国

作为大陆法系代表的 1804 年《法国民法典》并未规定信托制度，因为法国学者认为信托制度建立在英美法系衡平法的基础之上，而且《法国民法典》是沿袭罗马法中对人和对物的财产法两分法，难以理解信托制度中所有权和收益权的区分，所以，长期以来法国民法中没有信托制度的存在。由于法国的银行业较为发达，经营范围十分广泛，在一定程度上弥补了信托制度缺失所带来的不便，所以法国法上没有

①　［美］约翰·亨利·梅利曼：《所有权与地产权》，赵苹苹译，载《比较法研究》，2011（3），158 页。

②　张天民：《失去衡平法的信托——信徒观念的扩张与中国〈信托法〉的机遇和挑战》，北京，中信出版社，2004。

信托制度的局面持续了两百余年。

但是，法律是随着社会经济的发展而不断发展变化的，"在工业社会的法律日趋复杂化的同时，又出现了各种新的需要，要求我们作出更加深入的回答"①。英美法上的信托制度以其在经营管理和处分财产上的灵活与便捷优势，能够节省人们在财产管理上的成本，在现代工商社会吸引了越来越多的人的注意。同样地，在法国，"如果一个公司在其国内的法律制度中，不能寻求到合适的手段，它往往会到别的地方去尽量寻找。因此，从这个角度来讲，很多的法国公司都决定适用英美法系中的信托制度，其原因就在于在法国的法律制度中，没有相类似的制度"②，由此导致法国国内公司回避国内法而适用英美法的情况出现。另外，法国在 1991 年签署了《海牙信托公约》，但尚未得到国内立法机关的批准。在此背景下，"英美法信托在国际实务界的活跃而使法国的相关领域受到冲击……欧洲内部以及世界的法律环境促使法国在其国内法中引入信托制度，以达到和英美法竞争的目的"③。法国政府于 1992 年 2 月开始向议会提交了要求在国内法中引入信托制度的法律草案。2007 年 2 月 19 日，法国议会公布并生效了《关于建立信托制度的法律》，在《法国民法典》第 3 编"取得所有权的不同方式"中增设"信托"作为第 14 副编以统率新修改的第 2011 条至第 2031 条。该副编中，将信托界定为合同的一种，第 2011 条规定了信托的概念："信托是一种运作（opération）：一个或者多个设立人向一个或者多个受托人转让其现有的或者未来的物、权利或担保，或者将

---

① ［法］弗朗索瓦·泰雷、菲利普·泰勒尔：《法国财产法》（上），罗结珍译，2 页，北京，中国法制出版社，2008。

② ［法］弗朗西斯·巴瑞：《法国信托业和信托法概述》，载朱少平、葛毅主编：《中国信托法起草资料汇编》，80 页，北京，中国检察出版社，2002。

③ 李世刚：《论〈法国民法典〉对罗马法信托概念的引入》，载《中国社会科学》，2009（4），107 页。

现有的或未来的物、权利或担保作为一个整体一并转让，受托人将其与自有资产相分离，并按照特定目的为受益人的利益行事。"①

　　由此，法国正式在民法中引进了信托制度。大陆法系国家又多了一个移植信托制度的新成员。在引进信托制度之后，法国将面临与信托制度相关的法律的修改和完善的任务，同时信托业的立法也很可能会成为法国今后的一个立法目标。

（二）意大利

　　作为传统的大陆法系国家，意大利早在 1985 年 7 月 1 日便签署了 1985 年《海牙信托公约》，是该公约最早的签署国之一。1992 年 1 月 1 日，《海牙信托公约》在意大利生效并适用，意大利成为在时间上仅迟于英国第二个完成该公约国内批准程序的国家。意大利在参与信托国际公约上如此积极的原因是，信托制度的灵活性使其相对于传统的意大利法律和制度具有明显的优势，尤其是在经济方面。正由于它的这个特点，信托法在传统法律制度显得无能的方面应用非常广泛。"19 世纪 80 年代，意大利国内对信托制度产生了广泛的兴趣，这并非出于对比较法上的议题的好奇或一时的风尚，这种兴趣源自该制度在民法学家心目中获得的威望。因为民法学家们发现，他们缺少能够掌控和调整这一产生于法律的间隙之间的经济现象的法律工具。"② 19 世纪 90 年代，意大利学界创办了专门的信托法期刊，法律界还成立了专门的信托法协会以研究信托制度。在意大利，信托制度能得到广泛的适用，主要在于其作用的广泛性，其能够在信托资产的管理、家族企业和利益的代际转让、用于慈善事业、财产保护等诸多方面发挥巨大的作用。

---

　　① 李世刚：《论〈法国民法典〉对罗马法信托概念的引入》，载《中国社会科学》，2009（4），110 页。

　　② Maurizio Lupoi, *Trusts：A Comparative Study*, translated by Simon Dix, Cambridge University Press, 2000, p. 368.

在批准《海牙信托公约》之后，意大利的民事法律中没有信托制度并不影响信托制度在该国的适用，因为已在国内生效的《海牙信托公约》使得信托制度获得了进入意大利法律体系的正当化依据。到目前为止，意大利有不少不同级别的法院关于信托的判决都承认了信托的效力，尤其是内部的效力。这正体现了信托法相对于意大利法律而言的外来性要素，因为意大利的法律体系中没有关于信托的规定，所以信托法是外来的法律（一般是英国的）。

在 2006 年，《意大利民法典》新增加了一个条款作为第 2645 条之 3，该条款在实际上可以说是一种信托制度的设计，其"在本质上允许不动产和其他'登记财产'（如船舶）在不超过 90 年的期限内可以专门用作使自然人或法人受益的特定目的，这一目的可以通过登记来对抗有关该财产的争议，除了为实现该目的而发生的债权可以对该财产强制执行以外，该财产及其收益免于被任何拥有它们的所有权人的债权人追偿。而且，当财产的所有人的行为有悖于该目的的实现时，任何利害关系人都可以起诉之"[1]。在意大利首次明确将信托制度纳入到考虑范围是 2007 年的金融法关于财税方面的规定以及收入监管机关的一些通告（2007 年的经济第 48 号的第 1 条），以监管财政和税收并保障其明晰和公开。

（三）日本

日本早在 1902 年便由日本兴业银行开办了信托业务，1904 年成立了第一家专门的信托公司东京信托公司，在 1907 年以后，日本各地都成立了信托公司。[2] 为了规范信托业务的秩序，日本参照美国加州民法典中有关信托法的规定以及印度 1882 年《信托法》的规定，于

---

[1]　Maurizio Lupoi, "The Hague Convention, The Civil Law and the Italian Experience", *Trust Law International*, Vol. 21, No. 2 (2007), pp. 80 - 88.

[2]　参见［日］川崎诚一：《信托》，刘丽京、许泽友译，13～14 页，北京，中国金融出版社，1989。

1922 年 4 月同时颁布了《信托法》和《信托业法》，极大地促进了营业信托的发展，并成为亚洲国家继受信托制度的典范。从《信托法》与《信托业法》同时进行立法的过程中可以看出，"日本的信托法在最初制定的时候是以商事信托或者营业信托为中心的，这是日本信托法很显著的一个特征"①。

随着时代的发展，八十余年前的立法逐渐显得滞后，因此日本于 2004 年对《信托业法》进行了修改，从诸多方面为日本信托业的进一步发展提供了法律制度的保障。"不论是信托财产与信托从业者之范围增大所带来的竞争利基，崭新的信托业务规划、充分的配套机制以及信托相关法理之法条化，均是以往所未见。也都有助于增进信托效能，同时让人民乐于适用信托制度，并享受其所带来的便利及实益。"② 日本《信托法》自颁布之后分别在 1947 年和 1979 年及 2004 年进行过小范围修订，但一直未进行过全面修订。2006 年 12 月 8 日，日本通过了对《信托法》的修改决议。此次修法是对《信托法》的全面修订，吸收了英美及欧洲大陆在信托上的最新立法成果，适应了日本社会经济的发展和民众的需求，其整个过程一直受到了日本社会各界的关注，"以至于 2006 年新年伊始，日本的三大报纸均称作其为信托时代的到来"③。旧法仅有七十余条，而新法则分为 13 章，共计 271 条。总体而言，日本新修订的《信托法》力图放松管制而尽量赋予当事人更多的自由，在内容上"突破了以往较属僵化之规范内容，而赋予较切合信托制度本质之弹性新貌。除此之外，新法对于信托当事人意思自主

① ［日］能久善见：《现代信托法》，赵廉慧译，姜雪莲、高庆凯校，8 页，北京，中国法制出版社，2011。

② 李智仁：《日本信托业法之修法趋势及启发》，载《玄奘法律学报》，第 5 期（2006 年 6 月），125 页。

③ 张军建：《信托法基础理论研究》，19 页，北京，中国财政经济出版社，2009。

之尊重，以及新形态信托种类之增加等修正内容，也都有助于未来信托商品之推展"①。

第四节　信托制度在我国的移植与发展

一、清末民初时期信托制度在我国的移植

信托制度在我国的移植，有两个较为突出的表现，一是上海租界的挂号道契制度，二是1921年发生的"信交风潮"。前者是土地信托制度在我国的最早运用，后者则是营业信托在我国最早的大规模发展时期。

（一）挂号道契

道契是清朝末年国势衰败、外国势力在我国设立租界之后的产物，指外国人在华租地的土地凭证。外国人原本只能在租界范围内租地，但由于公共租界和法租界的范围不断扩大，外国人可租地的范围也随之扩大，甚至时常超出租界的范围。道契的颁发有一定的程序，即欲租地的外国人在找到合适的土地之后，"与原业主签订契约，并将签好的契约呈送领事官，领事官再将这些契约转送上海道署查核。上海道署查核完成，表示认可之后，加盖道署官印，交还双方收执。此种租地契据并无正式名称，由于是上海道台发出，一般便称为'道契'"②。从19世纪40年代开始签发到20世纪30年代被南京政府废止，道契制度在我国存续了近九十年。

道契相比较清朝政府传统的土地买卖或租赁权证如田单等而言，

---

①　李智仁：《日本信托法之修法重点——传统与现代思维之激荡》，载《月旦财经法杂志》，第12期（2008年3月），55页。

②　夏扬：《上海道契：法治变迁的另一种表现》，52页，北京，北京大学出版社，2007。

对人民有更大的吸引力：一是道契所记载的租地，其面积经过了仔细而科学的丈量，对于土地四至的记载较为准确，"惟道契以土地坐落四至及亩数之记载，甚为正确，国人欲求之而不得"①。二是道契对于各方当事人的权利义务记载较为准确和详细。三是道契经过租界所属外国势力和清政府双重认证，具有较高的公信力。四是道契的格式较为标准、统一，纸张和印刷精良，易于保管。五是因道契所引发的纠纷可以在租界内通过会审公廨进行审理，在诉讼中"有着外国司法权力的保护，使得道契土地免受战争或是动荡局势的影响"②。随着土地价值的攀升，土地租赁与买卖交易渐趋繁荣，"道契作为有价抵押品日益受到中外银行的青睐，甚至成为上海金融市场信誉最高、流通性最强的信用工具，由此吸引了一批有资力的华人委托外商办理道契，产生了租户由外商挂名，实际土地属于华人的'洋商挂号道契'"③。华人为了土地租赁交易的便利而委托外国人出面以领取挂号道契，实质上就是英美信托制度的运用。具体步骤为：

"一华人欲在租界内取得土地，他需要找到一个愿意为他办理道契申领手续的外国人，由此外国人与租界内的中国业户商量以取得租地，原中国业户同意租地之后，便由此外国人按照程序，与中国业户签下草契，以此草契报请其领事馆征得领事官的同意，并经会丈局会丈，报由道台批准，发给道契。此道契上所填写的姓名为该外国人的姓名，即为该外国人所享有所有权利的土地契证。此时，为了证明华人的土地权利，通常由外国人开具一张权柄单，在权柄单上注明，申领道契的土地权利的实际上享有者为该华人，华人取得该权柄单，整个洋商

---

① 史尚宽：《信托法论》，5 页，台湾，"商务印书馆"股份有限公司，1972。

② 夏扬：《上海道契：法治变迁的另一种表现》，144 页，北京，北京大学出版社，2007。

③ 马长林：《近代上海城市发展的见证——道契》，载《世纪》，2006 (5)，67页。

挂名道契的手续便告完成。"①

在挂号道契中，华人为了能够享受道契所带来的诸种便利，将土地作为信托财产，外国人作为受托人以自己的名义为该土地取得道契，该土地登记在外国人名下，因此信托财产具有了形式上的独立性，作为委托人的华人既可以自己作为受益人，也可以指定他人作为受益人。而记载委托人与受托人双方之间真实法律关系的权柄单则具有信托合同的性质。受益人以后如欲转让土地权利，只需持权柄单到受托人处记明受让人、办理过户，土地租赁的实质权利即可移转，十分便利，这便是信托受益权的转让。由于外国人在挂号道契中可以收取一定的费用，有利可图，因而不少外国人专事为华人申领道契，形成一种营业，被称为"挂号商"。史尚宽先生评价挂号道契时称："此种信托制行之已久，特国人未加注意耳。"②

（二）1921 年的"信交风潮"

清末洋务运动中，清政府以"官督商办"的形式开办了一大批企业，这些企业的兴起带动了当时股票交易的发展。1914 年 12 月，北洋政府农商部参照外国立法制定了《证券交易所法》，1920 年 7 月 1 日，由孙中山和上海实业家虞洽卿发起成立的第一家交易所"上海证券物品交易所"正式开业，短期内便以近乎百分之百的收益率而获利颇丰，随后其他一些交易所也都生意兴隆，由此引发了各类交易所的设立热潮。"从 1921 年 5 月起，新设交易所逐月增加，几个月间上海的交易所就多达 136 家，使中国的交易所数目居全球第一，为当时的世界第一经济强国美国的好几倍。"③ 由于投资有机可乘，这一时间

---

① 夏扬：《洋商挂名道契与近代信托制度的实践》，载《比较法研究》，2006（6），52 页。

② 史尚宽：《信托法论》，5 页，台湾，"商务印书馆"股份有限公司，1972。

③ 陈争平、左大培：《"民十信交风潮"的教训》，载《经济导刊》，1994（3），67 页。

内商人们竞相设立信托公司以吸收游资进行证券投资获取暴利。尤其是在 1921 年，从 5 月到 7 月的短短三个月内，竟然就有 12 家信托公司在上海成立，资本额共高达 8 100 万元。当时学界对于信托的研究尚未深入展开，相关知识的宣传不足，人们对于信托制度的认识也不深。当时的信托公司在营业范围上是以银行业务为主，如吸收存款放贷，以代理业务为辅，而真正的信托业务数量甚少。当时信托公司经营的业务，除了银行业务以外，剩下的就是"代理买卖有价证券及房地产，经收房地租，代理保险，代客保管物品及保管箱之出租等一类之银行附属事业，而英美盛行之财产管理，执行遗嘱，遗产管理等个人信托业及团体基金之管理，公司债信托等法人信托业务，可谓绝无仅有"[①]。信托公司缺少真正信托业务的原因，一是当时发行公司债的企业数目极少，进行公司债的信托业务在客观上缺乏市场；二是当时人们还缺乏委托专业理财机关帮助理财的意识，而且 20 世纪 20 年代是战乱年代，人们不敢轻易将财产交给信托公司作长期的投资管理，唯恐发生不测而失去财产；三是当时的人们还不习惯信托公司介入遗嘱遗产的事务处理之中，当时的人们"对于个人财产通常保守秘密，不愿交付他人处理，执行遗嘱等事则往往托付亲友，这进一步扼制了信托需求的增长。所以，开展个人信托业务的余地不是很大"[②]。

在 20 世纪 20 年代，由于政府监管不力、法律缺位、信托公司与交易所勾结互相炒作彼此股票，所以金融投资过热、供大于求，形成巨大的经济泡沫。银行意识到了当时证券市场已经存在的巨大风险，开始收紧银根、从严放贷，加上外部经济环境的变化导致工业发展放缓，因此矛盾在 1921 年冬季骤然爆发，大批交易所纷纷破产倒闭，许

---

① 史尚宽：《信托法论》，6 页，台湾，"商务印书馆"股份有限公司，1972。
② 何旭艳：《上海信托业研究（1921—1949 年）》，48 页，上海，上海世纪出版集团、上海人民出版社，2007。

多信托公司受其牵连也纷纷倒闭，"11 月份，是绝大多数信托公司与交易所一起卷入'信交风潮'，步入败亡的转折点"①。风暴之后，上海一百四十余家交易所中，未破产者仅剩下 6 家；而当年新设立的 12 家信托公司里面，仅剩下中央信托公司和通易信托公司两家经营较为谨慎稳妥的信托公司幸免于难。由此，"信交风潮"就是指 1921 年冬在上海突然爆发的大批信托公司和交易所的纷纷破产倒闭的风潮，由于该年处于民国十年，因而也被称为"民十信交风潮"。这一场风潮对整个国家的经济造成了巨大的损失，甚至给世界经济带来了一定的不利因素。这一年对于信托业来说，先是信托公司如雨后春笋般纷纷设立、引人关注，随即在金融危机中和交易所一起土崩瓦解，从设立狂热到破产风潮到金融风暴，一年之内犹如坐过山车一样，繁华景象如昙花一现。"在大崩溃的过程中，倾家荡产、断送性命者时有所闻。以投机狂热开始的 1921 年成了中国商业史上'最为痛心的一年'。"②

　　1921 年的"信交风潮"给信托业带来了沉重的打击，在民众心中造成了深刻的负面印象，"1922—1926 年，在'信交风潮'之后整整五年时间里，上海一地新增的信托机构只有 1 家：1922 年设立的中孚银行上海分行信托部。与 1921 年信托公司初兴之时的狂热状态形成鲜明对比"③。经过这次风潮的洗礼，幸存下来的两家信托公司继续稳妥开展信托业务，而一些银行也开始设立信托部经营信托业务，使得信托业得以继续发展下去。

---

　　① 何旭艳：《信托业在中国的兴起——兼论"信交风潮"中的信托公司》，载《近代史研究》，2005（4），206 页。

　　② 陈争平、左大培：《"民十信交风潮"的教训》，载《经济导刊》，1994（3），68 页。

　　③ 何旭艳：《上海信托业研究（1921—1949 年）》，37 页，上海，上海世纪出版集团、上海人民出版社，2007。

　　1921 年是信托公司在我国历史上的首次大规模集体亮相，该年可谓信托业在我国的发轫之年，但之后信托业立即经受挫折，元气大伤。可见，信托业的发展需要有国家的有效监管以及信托法律的健全，只有在这样的良好环境下，信托才不至于沦为投机的工具。

二、信托制度在我国台湾地区的发展

　　我国台湾地区在 20 世纪 50 年代经济发展迅猛，企业界对于资金的需求甚巨，因此，一些银行逐渐开设信托业务，办理信托存款、投资、放款等业务。在 20 世纪 70 年代，台湾数家信托投资公司开始营业，随后，从事土地开发投资的信托公司也逐步成立起来。虽然信托制度在实践中已经得到了较为广泛的运用，但直到 1996 年 1 月 26 日，台湾地区才颁布了"信托法"，2000 年 7 月 19 日颁布了"信托业法"。在"信托法"颁布之前，由于信托制度的多年运用，台湾地区对于信托制度已经有了一定的认识，并非空白一片，"有关信托制度的基本内容，主要是由司法判例、判决及零星的法令所构成"①。

　　台湾地区信托立法迟延于信托实践的一个重要因素，是立法机关考虑到此一英美法制度引入其本土法域之融合上的困难，态度极为审慎，反复研究修改。先是其"财政部"于 1985 年成立"信托法"研究小组，经过 24 次会议讨论之后形成了"信托法草案"。由于"信托法"属于民事特别法，出于职权上的分工，该法的起草工作随后由"法务部"接管并继续进行，"法务部"在进行了充分的国内外资料整理准备工作之后，于 1988 年 2 月 20 日成立了"信托法"研究制定委员会，"邀请学者、专家参与，历经 77 次会议审慎研讨，多次易稿，方始定案。其间除多次邀请美、日等国学者前来演讲座谈外，还组团赴日本、韩国、美国、香港等地考察，俾使所拟草案得以充分发挥信托制度之

---

　　①　王志诚：《信托法》，11 页，台湾，五南图书出版股份有限公司，2009。

功能，又能符合'我国'国情与实际需要。"① 在"信托法"的草案形成之后，又几经周折，于 1996 年方完成最终立法程序而获公布。

台湾地区"信托法"分为 9 章 86 条，具体而言，第 1 章为"总则"，第 2 章为"信托财产"，第 3 章为"受益人"，第 4 章为"受托人"，第 5 章为"信托监察人"，第 6 章为"信托之监督"，第 7 章为"信托关系之消灭"，第 8 章为"公益信托"，第 9 章为"附则"。由于该法全面、系统地规定了信托法律关系的主体、信托财产、信托的监督等基本事项，因而成为台湾地区信托法领域的基本法律，统率着"信托业法"等信托法的特别法律法规。"信托法"于 2009 年 12 月 30 日公布了修正案，修改了其中 4 个条文。台湾地区的"信托业法"分为 7 章 63 条，主要规定营业信托的相关事项，如信托机构的设立、变更、监管、信托行业自治等事项，具体而言，第 1 章为"总则"，第 2 章为"设立及变更"，第 3 章为"业务"，第 4 章为"监督"，第 5 章为"公会"，第 6 章为"罚则"，第 7 章为"附则"。"信托业法"自颁布以来，已经经历了 6 次修正，说明我国台湾地区信托业的发展要求法律不断作出调整和修改以满足实践中的新需求。台湾地区的信托法制在我国大陆《信托法》的起草过程中起到了较大的参考和借鉴价值，我国大陆 2001 年颁布的《信托法》在诸多地方吸收了我国台湾地区信托立法的有益经验。

三、我国大陆的信托立法

1949 年新中国成立之后，"人民政府接管了原先官办中央信托局及中国农民银行、中央合作金库，中国、交通两银行和上海市银行附设的信托部。私营信托业中的一部分信托公司停业，一部分则继续营

---

① 《法务部信托法研究制定资料汇编（三）》，1281 页，我国台湾地区"法务部"，1994。

业至 1952 年 12 月全行业公私合营为止"①。由于实行公有制和计划经济，我国信托业一度停顿消失，民间也没有民事信托的适用。直到改革开放以后，营业信托才开始得到恢复和发展。到 20 世纪 80 年代，信托公司逐渐设立起来，银行也纷纷设立信托部，信托业开始发展。当时信托业的发展，"对于弥补我国传统单一的银行信用的不足，利用社会闲置资金，引进外资，拓展投资渠道，促进市场经济的发展，发挥了积极的作用"②。但是当时我国并没有关于信托的法律，只有一些行政法规中有零星的规定。法律的缺位导致信托公司行为依据和国家监管的双重缺失，再加上当时信托知识尚未普及，许多信托机构从事的主要业务仍然是银行业务，真正的信托业务则很少，甚至"各信托机构还纷纷从其他金融机构低利拆借资金，并以'信托贷款'的方式，高利投放到计划外的基建项目甚至非生产项目上，从而使大量计划内的信贷资金转化为计划外资金，冲击了国家的信贷计划"③。当时信托业界存在严重的问题，"一是机构地位不确定，业务范围不明确。二是违规经营严重，资产结构不合理，风险控制能力低。三是内部约束机制不健全，管理混乱"④。这一混乱无序和投机现象较为严重的局面与 1921 年"信交风潮"颇有几分相似之处，以至于整个信托业给社会留下了"坏孩子"的不良印象。

　　为了解决信托业发展中的问题，全国人大常委会将信托立法列入了立法规划。1993 年 8 月起，全国人大财经委员会成立了信托法起草小组，吸收高校及政府部门的专家、学者参加信托法的起草工作，并

---

　　① 江平、周小明：《建构大陆的信托法制的若干设想》，载《政法论坛》，1993（6），5 页。

　　② 朱少平、葛毅主编：《中国信托法起草资料汇编》，179 页，北京，中国检察出版社，2002。

　　③ 江平、周小明：《论中国的信托立法》，载《中国法学》，1994（6），54 页。

　　④ 张绪武：《关于〈中华人民共和国信托法（草案）〉的说明》，载卞耀武主编：《中华人民共和国信托法释义》，188～189 页，北京，法律出版社，2002。

拟出了《信托法》的初稿，后经三读之后于 2001 年 4 月 28 日由第九届全国人民代表大会常务委员会第 21 次会议通过并颁布。在亚洲，继印度信托法（1882 年 3 月实行）、日本信托法（1923 年 1 月实行）、韩国信托法（1962 年 12 月实行）、台湾地区"信托法"（1996 年 1 月实施）之后，中国是第五个制定信托法的国家（或地区）。[①] 我国《信托法》分为 7 章 74 条，主要规定了信托的设立变更和终止、信托财产、信托当事人和公益信托等事项，成为我国信托法律领域的基本法律，极大地促进了信托观念的推广、信托制度的发展和信托业的规范运行。在当时的整体环境下，我国对于信托制度的移植是一种国家主导下的自上而下的强制性制度变迁，这种制度的移植通过立法行为来实现，"通过颁布《信托法》，国家在最短的时间内将普通法中蕴含着效率机制的信托制度移植到我国，并在 2001 年 4 月 28 日《信托法》刚刚颁布之后的同年 9 月就将其迅速运用于开放式证券投资基金"[②]。这种国家通过立法来推动实现的制度移植，其优势在于能够尽快引进国外富有效率的法律制度，为市场经济提供一种有效的财产管理手段，使之为我国的经济发展服务。但此种制度移植方式的局限在于：其制度生存的社会土壤尚不丰腴，民众缺乏对信托制度的了解，相关研究也尚未深入展开，在制度移植之后，其在本土的发展较为缓慢。因此信托业务的空间仍有待拓展，对于信托制度的学术研究仍有待引起学界关注，运用信托管理财产的观念仍有待向民众进行普及和推广。此外，《信托法》迄今已经实施十余年，相关的法律法规仍不够完善，如《信托业法》一直未能制定，而且《信托法》本身也应当根据我国信托实践的发展和国外立法经验的丰富而进行适当修改。

---

① 参见［日］中野正俊、张军建：《从比较信托法看中国信托法的立法及其解释》，载《中南大学学报（社会科学版）》，2003（1），46 页。

② 康锐：《我国信托法律制度移植研究》，203 页，上海，上海财经大学出版社，2008。

第二章　信托登记的意义：公示原则之下的思考

第一节　信托财产的独立性

"信托系一种以财产为中心之法律关系"①，信托财产是信托制度的核心，"信托不能与财产相分离"②。信托财产是信托行为的标的物，是信托受托人因信托行为而取得的、原属于委托人的财产。我国《信托法》第 14 条第 1 款规定：受托人因

---

① 杨崇森：《信托之基本观念——信托法研究之一》，载《中兴法学》，第 8 期（1973 年 12 月），14 页。

② 《最新不列颠法律袖珍读本：信托法》，文杰译，5 页，武汉，武汉大学出版社，2003。

承诺信托而取得的财产是信托财产。在现代社会中，财产的范围已是十分广泛，因此信托财产所包括的范围也十分广泛，"凡得以金钱计算其价值之物品或权利，均得为信托财产之客体，故动产、不动产、金钱、有价证券、债权、物权、准物权、智慧财产权等，皆得为信托财产"①。可以说，一切依法具有交易价值的财产权，均可以成为信托财产。美国信托法重述也认为，"任何财产都可以成为信托财产是一项基本的规则"②。我国《信托法》第14条第2、3、4款规定："受托人因信托财产的管理运用、处分或者其他情形而取得的财产，也归入信托财产。法律、行政法规禁止流通的财产，不得作为信托财产。法律、行政法规限制流通的财产，依法经有关主管部门批准后，可以作为信托财产。"当然，对于财产权之外的人身权，"例如身份权、名誉权及姓名权等，因其性质为人身专属权，且难以论断其财产价值，故不能成为信托财产"③。此外，不具有独立价值的权利如股票之上的表决权等则依法不得成为信托财产。

一、信托财产的独立性概述

信托财产的独立性是信托制度的典型特征，是指在信托成立之后，信托财产便独立于委托人、受托人和受益人的财产而存在，不受该信托的委托人、受托人及受益人的债权人追及。信托一旦成立，信托财产便不会简单地受任何一方当事人的完全控制和处分，这与某件物品之上的自物权不同。首先，委托人对自己的财产设立信托之后，其便不再对该财产享有所有权；即便是在宣言信托之中，委托人自己同时担任受托

---

①　詹森林：《信托之基本问题——"最高法院"判决与信托法规定之分析比较》，载《律师通讯》，第204期（1996年9月），56页。

②　The American Law Institute, *Restatement of the Law*, *Third*, *Trusts*, §40 (2003).

③　王志诚：《信托法》，132页，台湾，五南图书出版股份有限公司，2009。

人，信托财产虽然仍在其名下，但此时委托人是基于受托人的身份而拥有信托财产，且信托财产必须与原有的财产区分开来。其次，受托人虽然从委托人处继受取得了信托财产的所有权，在名义上成为了信托财产的所有人，但是其对信托财产的权利要受到信托合同所设定的信托目的的约束。一般而言，受托人对信托财产的权利仅限于管理和处分该财产以使该财产升值的方面，对于信托财产的受益权则受到较大的限制，限制的具体内容取决于信托合同对受托人薪酬的约定。最后，信托财产也不能被归结为受益人的个人财产。受益人并不直接占有和管理信托财产，只能通过受托人对信托财产的管理而获取收益，因此受益人对信托财产的权利一般仅限于被动获取收益的权利。

最典型的信托形式中存在委托人、受托人和受益人三方当事人，在许多信托中，这三方当事人的法律关系虽然存在，但主体可能会发生重合。例如，在自益信托中，委托人同时是受益人；在宣言信托中，委托人亲自出任受托人；在有些信托中，受托人也可以是受益人，但必须是复数受益人之中的一个，否则信托的设立就没有必要了。然而，无论信托法律关系中三方当事人在现实中是否发生重合，其基于不同的主体而对信托财产所取得的权限都是确定的，即：委托人在信托成立之后便失去了对信托财产的权利，除非信托合同有特别约定；受托人在名义上取得对信托财产的所有权，但实质上其对信托财产的权利主要限于对信托财产的管理；受益人依照信托合同，有权从受托人处取得信托财产的收益，即受益人在实际上享有对信托财产的受益权。由此可见，信托一旦成立，信托财产便具有了一定的独立性，即"信托财产在法律上虽不具独立人格，但其实际运作却有拟人化倾向自成个体"①。

---

① 方嘉麟：《信托法之理论与实务》，31 页，北京，中国政法大学出版社，2004。

　　信托财产的独立性体现了信托制度浓郁的英美法特色。英美法上存在财产拟人化、取得一定人格性的现象，主要是为了法律关系的简洁明了，在处理纠纷时较为方便。例如，英美法上除信托财产之外，最典型的如海商法上的船舶，也具有一定的人格性特征。对于船舶，英美法系海事诉讼中存在"对物诉讼"的制度，即将船舶规定为法律关系的主体，船舶可以以自己的名义参加诉讼，权利人可以直接向船舶起诉，将船舶作为被告，将船舶所有人或管理人的责任视为船舶本身的责任，除非船主及时应诉，法院判决可以通过拍卖船舶来得到执行。对于具有特定目的的财产，赋予其一定的人格性，在一定情况下便于法律关系的整理和纠纷的解决。例如在不少大陆法系国家中，破产财产也被称为破产财团，在处理破产事务时以破产财产为中心来整理法律关系，也是基于同一道理。日本学者认为，"信托财产并无法主体性（法人格），但实质上也可谓是以受托人为管理机关之独立财产体"①。《海牙信托公约》第11条明确规定了信托财产的独立性，并详细描述了信托财产独立性的具体表现：

　　"依前章规定之法律所创设之信托，应承认之为信托。该项承认至少意味着信托财产为一独立之资金，受托人得以受托人之资格起诉或被诉，并得以此一资格在公证人或任何公务人员面前执行职务。在信托准据法所明定之范围内，前开承认尤其应包括下列内涵：（a）受托人个人之债权人不得将信托财产作为求偿标的；（b）受托人破产时，信托财产不属于破产财产；（c）信托财产不得成为受托人或其配偶夫妻财产之一部分，亦不得作为受托人遗产之一部分；（d）若受托人违反信托本旨，将信托财产与其个人资产混合或移转他人者，信托财产得予回复，但持有资产之第三人，其权利与义务，仍应由法庭地相关

---

　　①　日本三菱日联信托银行编著：《日本信托法制与实务》，台湾信托业商业同业公会审订，48页，台湾，台湾金融研训院，2009。

国际私法选法规则决定之。"①

由于信托成立之后，信托财产在形式上便归入受托人名下，因而信托财产的独立性最主要的是要对受托人的自有财产保持独立。我国《信托法》第 16 条规定："信托财产与属于受托人所有的财产（以下简称固有财产）相区别，不得归入受托人的固有财产或者成为固有财产的一部分。受托人死亡或者依法解散、被依法撤销、被宣告破产而终止，信托财产不属于其遗产或者清算财产。"因此，信托成立之后，受托人便应当将信托财产与其自有财产区分开来，分别管理，以免造成混乱。在受托人占有和管理信托财产的过程中，即使信托财产会"因受托人之经营、管理而有所收益、取得，仍属于信托财产，并不因夹杂受托人之努力而使其一部分归属于受托人"②。因为这是属于信托财产所生之孳息，仍然应当归入信托财产之内，而不能成为受托人的自有财产。在现实中，信托财产的独立性主要体现在其不能与受托人的其他财产权利发生混同，不能与非属于信托财产所生的债权相抵销，不属于受托人的遗产范围，不被受托人的债权人强制执行，不属于受托人的破产财产几方面。

二、混同的限制

以对标的物的支配范围为标准，物权可以分为所有权和定限物权两类，前者是对标的物全面、永久的支配，又称为完全物权、自物权；后者仅对标的物享有部分的支配权，又称为限制物权，一般是在他人之物上成立的物权，因此也称他物权，在范围上，"所有权以外之物

---

① Convention on the Law Applicable to Trusts and on Their Recognition，Article 2，Hague Convention，1 July 1985. 转引自许兆庆：《信托法律适用及承认公约》，376～377 页，台湾，台湾嘉义地方法院，2003。

② 朱柏松：《论受托人违反信托本旨处分信托财产之效力》，载《月旦法学》，第 82 期（2002 年 3 月），37 页。

权，即地上权、永佃权、地役权、典权、抵押权、质权和留置权均属之"①。由于自物权与他物权本属于不同的权利主体所享有，因而当不同的权利主体因为权利的变动而合二为一时，他人之物就成为自己之物，此时自物权与他物权一般也就随着主体的重合而发生混同，不再有之前的区分。

委托人设立信托的财产，也可能是所有权以外的权利，例如在自己的不动产之上设立用益物权，那么受托人便是此种他物权的名义所有人，而随后受托人也可能因买卖或继承等原因而取得该标的物的所有权，如此受托人同时为该标的物的所有权人和该标的物上他物权的权利人。按照民法理论，受托人此时所享有的标的物上的权利发生混同而不再有所区分，他物权随之消灭。但是，信托财产的独立性限制了此种混同的发生。例如，我国台湾地区"信托法"第 14 条规定："信托财产为所有权以外之权利时，受托人虽取得该权利标的之财产权，其权利亦不因混同而消灭"。之所以限制混同的发生，是因为受托人必须区分信托财产与其自有财产，"信托财产与受托人的固有财产及其他信托财产，其彼此的实质归属主体实不相同，受托人虽为形式上的权利主体，但实质上仅于信托目的范围内为受益人的利益而保有该信托财产"②。因此，在以某物的他物权作为信托财产的信托法律关系中，即便受托人后来取得了该物的所有权，其仍然有义务为受益人的利益而继续保有该物之上的他物权，不得将他物权与所有权混同，否则，受益人的受益权将失去所依附的基础，从而使受益人的权利受损。

三、抵销的禁止

根据债法的一般理论，当已届清偿期的债权与债务同归一人时，

---

① 谢在全：《民法物权论（上）》（修订二版），72 页，台湾，三民书局股份有限公司经销，2003 年作者自版。

② 王志诚：《信托法》，157 页，台湾，五南图书出版股份有限公司，2009。

债权与债务便可发生抵销，因为此时债权行使与债务履行的利益都归属于同一人，没有必要再进行债务的履行程序，所以可以直接将债权与债务进行抵销而使债的关系消灭。受托人既需要对信托财产进行管理和运用以使之增值，也需要对自己固有的财产进行使用和处分，因此受托人对这两类财产的管理都可能发生债权债务关系，而且可能会由同一第三人取得这两类财产上所生的债权债务。例如，受托人将作为信托财产的房屋出租给第三人，因此取得对第三人的债权；不久受托人又因为购买了该第三人的商品而负有债务，此时该第三人既对受托人负担债务又对受托人享有债权。

但是，信托财产的独立性不允许受托人将信托财产所生的债权与其自有财产以及其他财产所生的债务进行抵销。我国《信托法》第 18 条规定："受托人管理运用、处分信托财产所产生的债权，不得与其固有财产产生的债务相抵销。受托人管理运用、处分不同委托人的信托财产所产生的债权债务，不得相互抵销。"我国台湾地区"信托法"第 13 条也规定："属于信托财产之债权与不属于该信托财产之债务不得互相抵销。"因为信托财产之上所生的债权虽然在名义上属于受托人，但在实质上属于受益人，如果允许受托人进行抵销，则无异于使用信托财产为自己偿债，这便违反了受托人的忠实义务，构成了对受益人权利的侵害，所以为法律所禁止。同样道理，将不同信托关系的信托财产上所生的债权债务关系进行抵销，也难免会损害某一信托关系中受益人的权利，因此也应禁止。

当然，如果都是因信托财产而产生的债权和债务由同一第三人取得时，受托人可以向该第三人主张抵销，因为此时进行的抵销属于对信托财产的管理和处分，与受托人对自有财产的利益并不发生冲突。

四、继承的禁止

虽然信托财产在名义上归受托人所有，但其是为实现信托目的而存在的财产，其利益归属于受益人，因此信托财产不同于受托人的自有财产。在受托人死亡时，信托财产不能被列入受托人的遗产而进行继承，否则，信托财产将变成受托人的自有财产而归于消灭，受益人的权利将从此落空。当受托人死亡时，其受托职责依法终止。为了不使信托事务的处理任务中断，此时根据《信托法》第 40 条的规定，应当依照信托文件规定选任新受托人；信托文件未规定的，由委托人选任；委托人不指定或者无能力指定的，由受益人选任；受益人为无民事行为能力人或者限制民事行为能力人的，依法由其监护人代行选任。

遗产的排除这一规则不独对受托人有效，对于委托人和受益人同样有效。因为委托人自信托设立之后便不再是信托财产的所有权人，而且必须将信托财产转让给受托人，所以在委托人死亡时，信托财产也不能再归入其遗产范围之内。至于受益人，一般情况下其对信托财产并不享有所有权，而只是享有从信托财产中取得收益的权利，因此，当受益人死亡时，其尚未领取的收益自然可以进行继承，但信托财产本身是否归其所有，则要看信托合同的具体约定。

五、债权人强制执行的限制

信托一旦成立，信托财产即不再属于委托人所有，同时虽在名义上归受托人所有但实质上又与受托人的自有财产之间保持独立性，因此，受托人的债权人不得对信托财产主张强制执行。由于信托财产已经不再属于委托人，所以委托人的债权人同样不得主张对信托财产的强制执行。对于受益人而言，在信托存续过程中，其只能取得信托受益权，而不能取得信托财产的所有权，因此，"受益人之债权人虽可对信托受益权为强制执行，但不得对信托财产本身强制执行"[1]。

---

① 日本三菱日联信托银行编著：《日本信托法制与实务》，台湾信托业商业同业公会审订，49 页，台湾，台湾金融研训院，2009。

我国《信托法》第 17 条规定："除因下列情形之一外，对信托财产不得强制执行：（一）设立信托前债权人已对该信托财产享有优先受偿的权利，并依法行使该权利的；（二）受托人处理信托事务所产生债务，债权人要求清偿该债务的；（三）信托财产本身应担负的税款；（四）法律规定的其他情形。对于违反前款规定而强制执行信托财产，委托人、受托人或者受益人有权向人民法院提出异议。"根据该条规定，相关债权人只有在下列几种情况以及法律另有规定时才能主张对信托财产进行强制执行：

（一）债权在信托成立之前便已产生

信托成立之前，信托财产尚未从委托人的财产中独立出来，因此委托人有权在其财产之上设立各种权利。例如在某件财产之上为债权人设立抵押权，之后委托人将该件财产作为信托财产而设立信托。按照权利成立的先后顺序，该抵押权到期后，债权人自然有权对该财产主张优先受偿的权利，此时受托人必须承受信托财产之上的权利负担，在此情况下债权人得对信托财产提出强制执行的主张。

（二）因处理信托事务而发生的债权

在信托成立之后，受托人需要根据信托合同的约定按照信托目的来管理和处分信托财产，在受托人履行其受托义务过程中，需要与第三人发生债权债务关系。因处理信托事务而发生的债权，受托人有权运用信托财产及其收益来偿还。同样，受托人因处理信托事务而对第三人负有债务时，该第三人在其债权不能受偿时有权对信托财产提出强制执行的主张。

（三）债权为国家税收债权

税收是国家财政收入的重要来源，税收债权的权利人是国家，"从其性质和用途上看，税收为国家行使管理职能所必需，具有公益性"①。国家税收债权有其特殊性，在破产债权中处于较为优先的顺

---

① 李永军：《破产法律制度》，176 页，北京，中国法制出版社，2000。

位。如果受托人欠缴国家税务机关针对信托财产而收取的税款，那么在税收债权到期不能实现时，国家税务机关有权对信托财产进行强制执行，以确保国家税收债权实现。

六、破产的隔离

当受托人破产时，其所拥有的一切财产均应列入破产财产之中以供各债权人受偿。信托财产虽然名义上归受托人所有，实质上却是为实现信托目的而存在，其利益归属于受益人，具有独立性。因此，在受托人破产时，信托财产享有破产隔离的保障，免于被列入受托人的财产而作为破产财产分配。我国《企业破产法》第38条规定："人民法院受理破产申请后，债务人占有的不属于债务人的财产，该财产的权利人可以通过管理人取回。但是，本法另有规定的除外。"根据《信托法》第16条第2款的规定，受托人死亡或者依法解散、被依法撤销、被宣告破产而终止，信托财产不属于其遗产或者清算财产。

当受托人被宣告破产时，其依法终止受托职责，清算人应当妥善保管信托财产，此时如果信托目的仍未实现的，应当依照信托文件或法律的规定而重新选任受托人以继续履行信托职责。

第二节　公示原则与信托登记的功能

一、公示原则概述

根据权利的效力范围，民事主体的权利可以分为对世权与对人权，前者是指得以普遍对抗社会一般人的权利，因此也被称为绝对权；后者是指仅能对抗特定人的权利，因此也被称为相对权。"物权、人格权、无体财产权等是前者的主要代表，债权则是后者的主要代表。"①
民法调整的是平等主体之间的人身和财产关系，权利也具有社会性，
是法律对人与人之间的一种利益安排和调整，"所有的私权，归根结
底，可以说都是为社会共同生活而存在的"②。对世权在效力上能够对
抗不特定的人，社会一般人都对对世权的权利主体负有不作为的义务；
而对人权由于其效力上仅能对抗特定人，只有特定人才对对人权的权
利主体负有作为或不作为的义务。因此，对世权的社会性较对人权的
社会性强，其权利的产生、行使、变更和消灭都可能对不特定的他人
产生影响。

由于对世权对社会不特定人都课以不作为的义务，要求他人尊重
该权利，因而对世权必须将权利的产生、行使、变更和消灭等状况随
时公之于外、告知不特定的他人，否则他人可能在完全不知情的情况
下侵犯权利人的权利并需承担侵权责任、动辄得咎，有违法律的公平
和正义。对世权必须进行公示，才能发生一定的法律效果，这便是公
示原则。就对世权中的物权而言，其同样必须进行公示。"法律就是以
这些生活经验为其规范基础，当然对其也有所变化，并予以类型
化。"③ 人们根据动产和不动产的区别，在对物权的公示方法进行类型
化之后，将物权的公示方法归纳为：动产的公示方法为占有，不动产
的公示方法为登记。根据公示原则，"物权之变动如未能依此一定之公
示方法，表现其变动之物权内容，则物权变动之一定法律效果即无从
发生。可见公示方法有使物权变动发生一定之法律上效果，此种法律

---

① ［日］四宫和夫：《日本民法总则》，唐晖、钱孟珊译，朱柏松校订，34 页，
台湾，五南图书出版有限公司，1995。

② ［日］我妻荣：《新订民法总则》，于敏译，30 页，北京，中国法制出版社，
2008。

③ ［德］鲍尔、施蒂尔纳：《德国物权法》，上册，张双根译，61 页，北京，法
律出版社，2004。

上之效果即为公示力。"① 我国《物权法》第 6 条就规定："不动产物权的设立、变更、转让和消灭，应当依照法律规定登记。动产物权的设立和转让，应当依照法律规定交付。"除不动产之外，一些特殊的动产如船舶、航空器、机动车以及记名股票、债券等种类物，由于其流动性较强、权利变动较为频繁，因而法律对于这些动产也以登记作为公示方法。

当物权进行公示之后，人们便可以通过登记簿的记载内容或者动产的占有状况而得知物权的权利内容，进而对物权人负担起不作为的义务，不侵害他人的物权，而且可以通过物权的公示内容推定物权的权利人以及权利的内容并与之发生交易。即便最后证明公示的内容与真实权利状况不符，已支付对价且不知情的第三人仍然能够主张交易继续有效而取得物权。对世权的强大效力必然要求其进行公示，以在社会整体上维持对世权权利人与不特定第三人之间的权利义务关系的平衡。

二、公示原则与信托制度

如前所述，信托财产是信托制度的核心，整个信托法律关系就是围绕信托财产的管理、处分和受益而展开的。一切财产权都能够成为信托财产，其中最常见的便是具有对世性效力的财产权，如动产、不动产、知识产权等之上的物权。信托制度原本是民事主体进行财产管理、遗产安排等事项的产物，主要关乎私益，无须昭之于众，因此英美法上有所谓秘密信托类型的存在。如果信托财产是债权，那么委托人在设立信托时只需履行债权转让的程序如交付凭证、通知债务人等；受托人便可要求债务人按照约定履行债务，再将实现债权所得利益交

---

① 谢在全：《民法物权论（上）》，修订二版，82 页，台湾，三民书局股份有限公司经销，2003 年作者自版。

付给受益人即可；如此所涉及的主体范围便限定于特定几方当事人之间，与社会大众无涉。如果信托财产是物权或知识产权，则因为这些财产权的对世性，信托财产也具有强大的对世效力，即"它不仅在对人方面有对抗受托人的强制力，而且在对世方面有对抗全世界的强制力，除非一个善意的购买者不注意而购买了财产"①。此时，信托财产之上有关权利的得丧变更都必须向社会大众进行公示，委托人在设立信托时首先需要将信托财产转让或设定给受托人，受托人虽然在名义上成为财产权的所有人但实质上其权限受到信托目的的限制，而信托制度中又需要受托人对信托财产进行相关的处分，所以还必须将信托财产之上的信托法律关系进行公示。因此，以应登记注册的财产权作为信托财产，就必须进行信托的公示。

信托财产的种类不同，其具体的公示方法也不同。我国《信托法》只规定了对应登记的财产应适用登记的公示方法，对于其他财产则未明确规定信托的公示方法。根据域外立法经验，信托公示的方法根据信托财产的主要类别可分为以下三种：

第一，以应登记的财产权为信托财产的，其公示方法为信托登记。应登记的财产权既包括以登记作为生效要件的财产权，如建设用地使用权、房屋所有权等；也包括以登记作为对抗要件的财产权，如船舶、航空器、机动车辆等动产；还包括商标权、专利权等需要登记的知识产权。对于这些需要登记的财产权，信托公示的方法同样是进行登记。因此，"如系以此等应登记或注册始生效或发生对抗效力的财产权设立信托时，其不仅应践行登记或注册的手续，使该处分行为生效或发生对抗效力，同时尚必须践行信托登记的程序"②。

第二，以有价证券为信托财产的，其公示方法为在有价证券上载

---

① 《最新不列颠法律袖珍读本：信托法》，文杰译，7页，武汉，武汉大学出版社，2003。

② 王志诚：《信托法》，121页，台湾，五南图书出版股份有限公司，2009。

明其为信托财产。有价证券是表彰财产权益的证券，证券就直接代表财产权利，其权利的行使和转移不能与证券的占有相分离。有价证券包括股票、公司债、国债、汇票、本票、支票、仓单、提单等。"关于有价证券之信托，应依委托人或受托人之请求，由发行人、公证人或发行银行为信托之标记，发行人、公证人或发行银行接到该请求时，须于证券上记载其为信托财产，附记年月日并签名盖章。"① 其中，以股票和公司债券为信托财产的，还必须将信托关系在公司股票名册或公司债券存根上作出记载，才能对公司主张该股票或公司债券之上信托法律关系的存在。另外，对于营业信托而言，由于其以信托为业，每日都需要处理大量有价证券的买卖业务，在每张证券上作出信托关系的记载在实践中是很难实现的。信托业负有区分自有财产与信托财产的义务并受到主管机关的监督，因此信托业可以简化有价证券的公示方法，只要在对属于信托财产的有价证券进行交易时，对外明确表示该有价证券属于信托财产，即可对抗第三人，无须在有价证券上逐张进行记载。此种简化的公示方法应仅对营业信托放开适用，"之所以仅限于营业信托，其理由为运用有价证券之信托大多存在着大量的买卖，以及对于第三人而言较容易预测信托银行所持有的有价证券为信托财产之故"②。

第三，以其他财产权为信托财产的，无有效的信托公示方法。除了前两类财产权以外，以其他的财产权作为信托财产的，实在"无从为公示"③。例如以金钱或普通动产设立信托，第三人从外观上只能看

---

① 潘秀菊：《信托法之实用权益》，181页，台湾，永然文化出版股份有限公司，1996。

② 日本三菱日联信托银行编著：《日本信托法制与实务》，台湾信托业商业同业公会审订，62页，台湾，台湾金融研训院，2009。

③ 陈春山：《信托法关系之设定——信托法草案之规范》，载《万国法律》，第82期（1995年8月），28页。

到受托人占有该金钱或动产，而难以知道该财产权之上乃存在信托法律关系。因此，对于此类财产权，难以进行有效的信托公示，而只能赋予信托关系当事人对抗非善意第三人的权利，即虽无有效公示方式，但第三人通过某种方式知道、应当知道或因重大过失才不知道该财产权之上的信托关系及受托人的权限范围的，那么当受托人超越权限处分该财产权时，受益人便可行使撤销权，向非善意第三人追回信托财产。

在现代社会，"信托财产通常都是特定化资产如土地或股票的产权"[①]。从历史上看，用以设立信托的信托财产大部分都是需要登记的财产权，尤其是不动产和一些以登记为公示方法的特殊动产及应登记注册的财产权。动产本身具有容易磨损、丢失等特性，而且对于动产的利用通常只能通过转让进行，而一次转让之后便会失去对动产的所有权，因此以动产作为信托财产会影响信托的存续期限，使得信托只能在短期内存续，这样就不能最大限度地发挥信托制度管理财产、增加财富的功能。相较而言，不动产不易受损，登记的公示方法也使得权利不宜被侵害，而且不动产之上可以设立多种用益物权和担保物权，并可进行租赁，利用的方式多种多样，容易达到财产增值的目的，所以以不动产设立信托能够长期发挥对信托财产的管理功能，使得受益人能够长久受益。"由于动产固有的'可移动性'，致使（动产的移转或取得）不可能进行快速而有效的公告（公示）；不过，对这一说法，也应当立即做些调整，因为有一些动产的移转也必须进行公告（公示）。"[②] 这些需要登记的动产如船舶、飞行器、机动车辆等因其价值

---

① Graham Moffat with Gerard Bean and John Dewar and Marina Milner, *Trusts Law: Text and Materials*（*Third Edition*），London：LexisNexis Butterworths，2002，p. 97.

② ［法］弗朗索瓦·泰雷、菲利普·泰勒尔：《法国财产法》（上），罗结珍译，490 页，北京，中国法制出版社，2008。

巨大而在现代社会中日渐成为人们财富的重要组成部分，而且利用方式较一般动产多，能够进行增值升值，因此也易于在其之上设立信托。对于这一类需要注册登记的动产，在设立信托时自然也需要进行信托登记。此外，一些需要登记的财产权如商标专用权、专利权等，在现代社会中的价值越来越大，运用越来越广泛，人们也经常运用这些财产权作为信托财产而设立信托。在日本信托法上，凡是以应登记和应注册的财产权作为信托财产，都必须以登记作为公示方法，涵盖面非常广泛。① 因此，在信托的公示方法中最为重要的便是登记的方法。

　　由此可见，公示原则与信托制度具有密切的联系。如果以不动产或者需要登记的动产来作为信托财产设立信托，受托人名义上成为具有对世效力的财产权的所有人，但实际上服从于信托目的，为了受益人的利益而管理和处分信托财产，此种复杂的法律关系只有进行相应的公示才能为交易第三人所知晓，否则难以限制受托人的越权处分行为，受益人的利益将失去保障。如果当事人在设立信托时未进行相应的公示，第三人对于信托法律关系则难以知晓，信托制度便会因为信托财产法律地位的不稳定而容易受到破坏。例如，委托人在将不动产作为信托财产设立信托时，虽然将该不动产转让给了受托人并进行了所有权变更登记，但并未同时办理信托登记，那么在受托人超越信托权限处分该不动产时，第三人根据不动产登记簿的内容并不能知晓该受托人的法律地位及其对信托财产的处分权限，那么根据公示原则所赋予不动产登记的公信力，第三人在支付对价之后便可取得该信托财

---

　　① 在日本法上，"所谓应登记之财产权，如所有权、地上权、永佃权、地役权、优先取得权、质权、抵押权、租赁权、买回权等不动产上的权利、船舶上的权利、建设机械上的权利这种设有登记制度的财产权。而所谓应注册的财产权，是指如著作权、专利权、图案设计权、实用新型专利权、商标权、矿业权、渔业权、注册国债、注册公司债等设有注册制度的财产权"。参见［日］中野正俊：《信托法判例研究》，张军建译，71页，北京，中国方正出版社，2006。

产的所有权，导致信托目的难以实现、受益人的权利受到侵害。因此，委托人在设立信托时，除了要进行财产权利移转或设定的公示之外，还应当进行信托的公示，将财产权之上的信托法律关系公开，使不特定第三人能够根据信托公示的内容得知财产之上的信托法律关系，可以信赖公示的内容而进行交易，只有这样才能保护信托受益人的权利和维护交易的秩序。

三、信托登记的功能

在信托成立之后，委托人将财产所有权移转给了受托人或为受托人设定了他项权利，受托人在法律上成为了信托财产的所有人，但这种所有人只是名义上的，在实质上受托人必须将信托财产与其自有财产区分开来，分别管理和处分。受托人按照信托合同的约定对信托财产的管理负有忠实义务和注意义务，并应当按照约定将信托财产的收益交付给信托受益人。因此，信托财产虽然在形式上划归受托人所有，但是"此种'名不符实'的财产型态，有使具有利害关系的第三人知悉财产权的真正归属及名义上所有人权限范围的必要，避免因高估受托人的偿债能力而受损失，因此，实在有创设信托公示制度的必要性"[①]。在信托的公示方法中，最重要的便是登记的方法。信托登记在信托制度中具有如下功能：

（一）确保信托财产的独立性

信托财产的独立性是信托制度的核心要素，也是信托制度的一大特点，因此确保信托财产的独立性至关重要。信托制度中，"最独特者，就是将一笔'集体财产'（即'信托财产'）独立切割出来，一方面将其纳入适当的经营管理机制，一方面又将其作为清偿特定债务的

---

① 曾邑伦：《信托公示之研究》，59页，台湾，台湾中正大学法律学研究所2006年度硕士论文。

专属资产"①。在信托当事人之间，可以通过信托合同来约定受托人对信托财产的管理和处分权限。但是，仅通过信托文件的约定仍难以在当事人之间确保信托财产的独立性，因为信托成立之后受托人便成为了信托财产的所有权人，如果不进行信托登记，那么当受托人将信托财产作出超越其处分权限的交易时，信托财产将被交易相对人取得。又如在宣言信托中，委托人与受托人的身份发生重合，在信托成立之后，信托财产仍然在委托人的名下，此时如果不对信托财产进行登记，他人则难以区分信托财产与受托人财产的界限，如此极易导致信托财产在经营管理中逐渐丧失独立性，最终有碍信托目的的实现。

此外，对于信托当事人以外的不特定第三人而言，其并不知晓信托法律关系的存在，也并不负有查阅信托文件的积极义务，此时信托财产要想保持其独立性，最好的办法便是通过登记将信托财产之上的法律关系记载在登记簿上，使第三人欲与受托人发生有关信托财产的交易时，便能够查阅到该财产的权利状况，并在此基础上作出判断。例如，在意大利，"信托受托人有义务以受托人的身份将其对土地的权利进行登记，有义务在股东名册上和银行账户上注明其信托受托人的身份。在意大利的公示规则下，尽可能地让外界知悉信托的存在是非常重要的"②。由于信托登记要求写明受托人的权限，因而在登记之后受托人超越权限处分信托财产时，交易第三人便可以通过查阅而得知受托人越权的情况并终止交易，避免浪费交易成本；即便受托人越权处分了信托财产，信托受益人也可以通过行使撤销权而将交易撤销，回复信托财产的归属，确保其独立性。

---

① 王文字：《信托之公示机制与对世效力》，载《月旦法学杂志》，第 91 期（2002 年 12 月），193 页。

② Maurizio Lupoi, "The Recognition of Common Law Trusts and Their Adoptions in Civil Law Societies The Civil Law Trust", *32 Vand. J. Transnat'l L.* (October, 1999), p. 987.

（二）保护受益人的权利

信托受益人是信托财产的实质受益者，享有信托利益，但在形式上受益人并不是信托财产的所有权人或占有人，不能占有和管控信托财产，因此相对于信托财产的名义所有人受托人而言，受益人所处的地位较弱，需要法律对其采取保护措施。这些保护措施中，最重要的便是受益人的撤销权。受益人的撤销权是指当受托人违反信托目的而处分信托财产时，受益人所拥有的撤销受托人越权处分行为的权利。例如，根据我国《信托法》第 22 条和第 49 条的规定，当受托人违反信托目的处分信托财产或者因违背管理职责、处理信托事务不当致使信托财产受到损失的，受益人有权申请人民法院撤销该处分行为，并有权要求受托人恢复信托财产的原状或者予以赔偿；该信托财产的受让人明知是违反信托目的而接受该财产的，应当予以返还或者予以赔偿。

但是，信托受益人撤销权的行使必须受到一定的限制，"惟为保护交易安全，以保障善意的交易相对人，受益人行使撤销权不应毫无限制"[1]。否则受益人不断推翻受托人与他人的交易，将会对市场交易秩序造成破坏。我国台湾地区"信托法"第 18 条第 2 款便明确地规定了受益人撤销权的行使条件："一、信托财产为已办理信托登记之应登记或注册之财产权者。二、信托财产为已依目的事业主管机关规定于证券上或其他表彰权利之文件上载明其为信托财产之有价证券者。三、信托财产为前二款以外之财产权而相对人及转得人明知或因重大过失不知受托人之处分违反信托本旨者。"可见，对于应登记的财产而言，财产已办理信托登记是受益人行使撤销权的前提条件。因为财产如果未进行信托登记，第三人在从事交易之前不可能通过查阅登记簿而知晓该财产之上的真实权利情况，受益人仅凭信托文件并不能主张信托

---

① 王志诚：《信托法》，194 页，台湾，五南图书出版股份有限公司，2009。

财产的对世效力。而信托财产进行信托登记之后，第三人在交易时不去查询登记状况便属于恶意，即应当知道或因重大过失而不知道信托法律关系及受托人权限范围的存在却与越权的受托人从事交易，此时受益人才得以依法行使撤销权，撤销受托人与第三人之间的交易，将信托财产回复到交易之前的状态。

（三）保护交易安全

在市场经济中，交易安全十分重要。市场主体如果按照法律的规定从事交易，仍不能避免在事后发生交易无效的情况的话，人们为了保证交易的有效，不得不投入极大资源在每一次交易前进行各方详细调查，这样将是对市场资源的极大浪费，而且严重影响市场交易的效率和秩序。因此，赋予交易明确的规则，使按照规则行事的交易当事人能够保有交易的效力，才能够保护交易的安全。对于交易安全的保护具体体现为对当事人之外的第三人的保护，因为第三人处于当事人的法律关系之外，并不清楚当事人之间的真实权利状况。只有当第三人依法与一方当事人之间发生的交易确保有效时，才能说明当事人之间的内部关系没有对市场交易秩序造成不利影响。

在信托制度中，信托财产具有独立性，通过信托登记制度将这种独立性公之于外，为外界所知，从而使信托财产具有了对世的效力。"信托财产之设定，乃有追及力，唯该追及力之行使，将影响第三人之利益与交易安全，故其追及力或对抗效力需经公示。"[1] 不特定的第三人如果按照信托登记的内容与受托人进行了交易，那么此种交易便是有效的，信托登记具有公信力。如果信托财产没有进行登记，不特定的第三人便不能知道该财产之上的信托法律关系，因此其与受托人进行交易时，即使此种交易将损害信托财产的独立性，第三人也能够保

---

[1]　陈春山：《信托法关系之设定——信托法草案之规范》，载《万国法律》，第82 期（1995 年 8 月），28 页。

有此种交易的效力，而无须担心在事后受到受益人的撤销。如果信托财产进行了信托登记，但登记的内容有误或与事实不符，那么第三人因信赖登记的内容而与受托人从事了交易，即便受托人的处分行为事实上超越了信托文件所约定的权限，但因登记有误而未能反映出来，那么第三人在交易之后同样有权保有此种交易的效力。当然，对于第三人的保护限于善意的第三人，即对于当事人之间法律关系并不知晓的第三人，只有这种带有一定的"陌生性"和"外来性"的第三人才是市场交易秩序的化身，才值得法律的保护。如果第三人对当事人之间的法律关系已经知晓，则其已经具有了内部性，不能代表交易秩序，因此无须特别保护；如果第三人在交易中未支付对价，则其在交易被撤销之后也不会遭受财产的损失，因此同样无须特别保护。因此，信托制度能够通过保护善意第三人来实现对交易安全的保护功能。例如，美国信托法重述也规定："如果受托人违反了信托义务而将信托财产转让给了一个对此知情的受让人或者是没有支付对价的受让人，则这样的受让人并不能从信托关系中取得该信托财产。但是如果这样的受让人再将信托财产直接或间接地转让给一个善意的买受人时，则该善意买受人就可以从信托关系中取得该财产了。"①

第三节　信托登记的客体

一、关于信托登记客体的争论

信托登记的客体究竟应当是信托财产还是信托法律关系，学界存在一定的争论。一种观点认为，信托登记的客体是信托财产。例

---

① The American Law Institute，*Restatement of the Law*，*Second*，*Trusts*，1959，Comment of § 287.

如有学者认为"信托登记，实质上就是信托财产的登记，是以实现受益人的利益最大化而实施的一项受到法律有效保护的保障性措施"①。因为需要登记的信托财产不是不动产就是特殊的动产，其本身的权利状况依法就应当进行登记，信托财产的登记就是在这些财产本身登记的基础上再增加信托登记而已，"就信托财产的移转而言，具有公示方法的二重性……此二种公示方法在程序上应合而为一，不宜分别处理"②。

而另一种观点认为，信托登记的客体不应是信托财产，而应是信托法律关系。此种观点的理由之一，是信托登记中，进行登记的财产本身也需要进行其他权利内容的登记，二者同是一个财产，毫无差异，即"信托财产已先办理所有权登记，再办理信托登记，则信托登记的登记客体，为信托法律关系，而非信托财产"③。理由之二，是认为信托财产在受托人的占有、管理和控制的过程中，其形态不断发生变化，因此难以实现对财产即时状况的登记，"信托生效后，受托人处理信托事务，必须为许多法律行为，信托财产也随时变动，如果每次信托财产变动，都必须公示，将不胜其扰，因此，也可考虑就信托行为或信托法律关系公示"④。

信托登记的客体是信托财产的观点，着眼于登记建立在具体信托财产的基础上的事实，不同种类的信托财产需要进行不同的信托登记，因此认为信托登记的客体是信托财产。信托登记的客体是信托法律关系的观点，着眼于观察信托登记与物权登记的不同之处，即财产是相同的，不同的是法律关系。这两种观点的侧重点不同，难谓孰正孰误，

---

① 张军建：《信托法基础理论研究》，138 页，北京，中国财政经济出版社，2009。

② 王志诚：《信托法》，120 页，台湾，五南图书出版股份有限公司，2009。

③ 谢哲胜：《信托法》，101 页，台湾，元照出版有限公司，2009。

④ 谢哲胜：《信托法总论》，109～110 页，台湾，元照出版有限公司，2003。

皆有一定道理。

二、信托登记客体的双重性

通过对前述两种不同观点的分析，笔者认为信托登记的客体具有双重性，即在信托中，虽然委托人已经将财产权为受托人作出了移转或设定的登记，但还需要进行信托的登记，而在进行信托登记时，既需要对信托财产作出登记，也需要对信托法律关系作出登记。信托登记以信托财产为主、围绕信托财产展开，但必须同时载明财产之上的信托法律关系。虽然信托财产在设立信托时已经进行过了其他权利变动的登记，但在信托登记中仍然有其独立的意义，标示着信托法律关系存在的基础。信托登记的客体既包括了信托财产，又包括了信托法律关系，两者缺一不可，具体理由如下：

首先，信托登记不能脱离信托财产而进行，信托财产是信托制度的核心要素。信托登记的主要任务就是将信托财产的种类、范围等状况界定清晰并对外公示，因此信托登记必须对信托财产作出界定、进行记载。即便是在该财产之上已经存在所有权或他项权利的登记，但先前的登记只是表明该财产是其他权利的标的物，并不能证明其就是信托财产。因此，对于已经登记的财产，在进行信托登记时，也需要在同一登记机关进行单独的信托登记，将该财产的详细物理状况再进行记载，表明该财产属于信托法律关系的标的物。

其次，对财产的登记同时也是权利主体的登记，否则登记便无任何意义，因为财产权利表面上看是人与物之间的关系，但实质上都是人与人之间的关系。即便是所有权登记，也需要写明所有权人的信息，由于所有权的义务人是不特定第三人，是社会大众，而且所有权的内容是法律所明确规定的，无须在登记簿上写明，因而所有权登记在记明标的物和所有权人的信息之后，实际上已经作出了一个包含权利义务主体和标的物的所有权法律关系的登记。同样道理，对信托财产的登记也必须记载信托财产的权利主体，只不过信托法律关系较为复杂一些，涉及三方主体，而且大部分权利义务关系由当事人自行约定。因此，在对信托财产进行登记时需要写明委托人、受托人和受益人，以及受托人的权限等内容，甚至需要在登记文件之后附上信托文件复印件，这样在进行信托财产的登记之后，信托法律关系也进行了登记，第三人通过查阅就能够得知信托财产之上的基本法律关系。

再次，虽然信托财产在设立登记之后，由于受托人的管理和处分而一直处于变动之中，但并不能以此否定对信托财产本身进行登记的必要性。如果信托财产的变动程度较大，达到了法律规定的条件，则需要按照法律的规定进行登记，例如在房屋之上设立抵押权，本身就需要进行登记。信托财产的较大变化本身需要登记，是当事人的义务。对于信托财产较小的变化，并不需要登记，因为受托人负有对信托财产进行管理的义务，受托人必须单独针对信托财产设立账簿、进行详尽记载，依照信托文件的要求向受益人进行报告。所以，对于信托财产的变动，通过登记簿上的记载和受托人的账簿，就完全可以追踪知晓，并不会让当事人不胜其烦，相反，这些恰好都是当事人的义务范围内之事。

最后，信托登记客体的双重性要求既要登记信托财产又要登记信托法律关系，也符合了信托登记的实践。因为在进行信托登记时，登记机关都会要求当事人在信托财产信息之外还有简要写明信托法律关系，甚至要求将信托文件作为附件置于该信托登记之后。例如，我国台湾地区"土地登记规则"第130条就对土地信托的登记作出了明确规定："信托登记，除应于登记簿所有权部或他项权利部登载外，并于其他登记事项栏记明信托财产、委托人姓名或名称，信托内容详信托专簿。前项其他登记事项栏记载事项，于办理受托人变更登记时，登记机关应予转载。"

第四节　信托登记与公证制度的比较

公证制度在现代社会扮演着越来越重要的角色。所谓公证，是指当事人将其法律行为在国家公证机关进行展示，由国家公证机关制作证明文书以证明该法律行为的存在。在现代社会中，公证机关及其公证人员能够为当事人提供迅速便捷的公证服务，其公证书具有强大的效力，而且公证文书也可以进行验证，以至于有人认为公证制度可以取代登记制度。但笔者认为，至少就信托领域而言，信托登记与公证是两种不同的制度，各有其独自的价值，公证制度并不能取代信托登记制度。信托登记与公证制度二者可以互相配合以促进权利变动的稳妥、保护各方交易当事人，而不是彼此取代。例如，在不动产交易中可以运用公证制度，"以其作为登记审查之'过滤器'，发挥其辅助功能，提高不动产交易之可信度"①。具体而言，公证制度与信托登记之间有如下重要区别：

一、面向的主体不同

公证制度侧重于在当事人之间展示法律关系的状况，而信托登记侧重于向当事人之外的第三人展示当事人之间的信托法律关系。公证制度主要是对当事人之间的买卖、借贷、租赁等合同关系和夫妻财产关系的约定以及遗嘱、遗赠等法律关系提供证明，这种证明主要是在当事人内部记载和展示当时所约定的法律关系，以免当事人之间产生纠纷。而信托登记对于信托财产之上的信托法律关系进行记载，重在

---

① 马栩生：《登记公信力：基础透视与制度建构》，载《法商研究》，2006（4），108 页。

向当事人之外的第三人展示当事人之间的信托关系，以表明何种财产为信托财产、受托人的权限如何等重要信息，以免第三人因为不知该信托关系的存在而致其利益受损。在市场经济中，千千万万个第三人形成了市场交易的秩序，因此向第三人展示信托关系便是信托关系的向外公示，以彰显当事人的信托关系并保护第三人的利益。一般而言，在信托关系内部，委托人和受托人之间还会有详细的信托合同以记载双方之间的具体权利义务关系。所以，信托登记与公证制度具有不同的侧重点，不可以相互取代。相反，两者可以起到相互配合的作用，必须登记的信托财产即便是在信托合同公证之后也必须办理登记；而信托经登记之后，当事人还可以将信托合同进行公证，以加强在当事人之间的证明效力。

二、公示的程度不同

公证制度虽然具有一定的公示性，但是其公示的效力不如信托登记制度的公示效力强大。由于进行公证的机关是国家设立的公证机关，从事公证的人员是专门的公证人员，因而经过公证的法律关系意味着受到了国家公权力的介入、监督以及认可；而且在一定的情况下利害关系人可以请求查阅和验证公证的内容，还有一些公证本身就可以在大众面前做成，因此公证制度本身也具有一定的公示效力。但是如前所述，公证制度侧重面向的主体毕竟只是各方当事人，对于当事人之外的第三人而言，其仍然不够公开；而且只有在特定条件下才可以查阅当事人的公证内容，对于第三人而言，经过公证之后的法律关系也不具有法律上的公信力，公证的效力主要限于当事人之间。相比较而言，信托登记制度之设立便是为了将当事人之间的信托关系及信托财产向社会第三人进行公开展示，有可能涉及信托财产的交易，第三人都可以到登记机关进行查阅，所受限制较少。此外，信托登记机关也是国家设立的登记机关，其登记人员也是国家工作人员，经过登记的信托关系也受到国家公权力的介入和监督，经过登记的信托法律关系对外具有公信力。因此，欲将法律行为公之于外，当事人还是需要采取登记的方式。信托法律法规之所以要求某些信托财产必须进行登记，正是对此类信托关系提出了较高的公示要求，以保护第三人的利益。

三、在权利变动中所起的作用不同

公证制度在权利变动中主要起到证据作用，而信托登记在权利变动中则可以起到法律实体依据的作用。在当事人之间或者当事人与第三人之间的权利变动中，公证制度不能成为权利变动的依据，而只能作为证据在纠纷发生时起到证明权利的作用。例如，双方当事人之间签订了房屋买卖合同，并对该合同进行了公证，那么在当事人之间就该房屋的买卖如价款等问题发生纠纷时，经过公证的买卖合同便可以起到证据的作用，以证明当事人之间合同价款的约定；如果出卖人又擅自将该房屋向第三人出售，那么在没有进行登记的情况下，第三人并不能依据其与出卖人之间公证过的买卖合同而主张房屋的善意取得。在不涉及第三人的情况下，当事人之间的公证文书由于其强大的证据力，可以作为强制执行的依据，即"为求私权迅速简易之实现，在权义关系成立之时，债权人债务人预先达成将来执行之合意，并由公正之第三人加以证明，据此所成立之执行名义，亦非法所不许，此为公证书得为执行名义之法理根据"①。在信托制度中，"若第三人无从知悉所交易的客体为信托财产，就使该财产具有一定的独立性，将对该第三人造成不可预期的不利益，更有害于交易安全。因此信托法必须建立一定的公示机制，使第三人知悉交易的客体是否为一信托财产，

---

① 郑云鹏：《公证法新论》，186页，台湾，元照出版有限公司，2000。

以定责任的归属"①。信托登记制度便是信托财产公示的有效方式，经过登记的信托财产上的权利状况具有公信力，第三人因信赖登记而从事有偿交易的，可以对相关财产进行善意取得。因此，第三人可以借助善意取得制度而对信托登记的财产发生权利变动。

---

① 曾邑伦：《信托公示之研究》，74 页，台湾，中正大学法律学研究所 2006 年度硕士论文。

第三章　信托登记的效力探讨

第一节　信托登记的效力概述

一、何为信托登记的效力

法律行为是私法上的主体通过意思表示而发生一定法律效果的法律行为，"法律行为乃实践私法自治的主要手段"①。人们通过各种法律行为在市民社会中进行自我安排、意思自治，从而实现自己的目的，而法律效力则是国家公权力对于法律行为

---

① 王泽鉴：《民法总则》（增订版），249 页，北京，中国政法大学出版社，2001。

的介入和管理，体现了国家将个人行为纳入管理范围的过程。"法律上之效力者，依法律之规定，法律要件完成时之法律上变动也。"① 就信托而言，依照法律法规应当登记的财产，在设立信托时，也应当进行信托登记。因此，对于应登记的财产而言，信托登记的效力是指信托登记这一法律事实在信托的设立、变更和终止等行为中充当何种要件，并由此决定信托行为的法律效力。

一般而言，根据法律行为的要件对法律行为效力的影响，将法律行为的要件分为成立要件和生效要件两类。成立要件是否具备，是判断法律行为是否成立的标准，"法律行为之成立要件，谓为法律行为成立所必要之事实。如无其事实，不得认有法律行为之存在"②。当一个行为不具备法律行为的成立要件时，该行为就不属于法律行为，因此就不在法律的调整范围内。例如，婚姻以登记为成立要件，如果未经登记，则婚姻不能成立。法律行为的一般成立要件只要求有当事人、标的和意思表示三个要素即可，对于法律有特别规定的成立要件，则要根据法律的具体规定来认定其特殊的成立要件。

法律行为的生效要件，即"已成立之法律行为发生效力所不可或缺之要件"③。法律行为在成立之后，还必须具备生效要件，才能具备当事人所意欲发生的法律效力。法律行为的生效要件是对成立要件的进一步严格要求，体现了国家公权力对于当事人意思自治的结果的介入和管理。法律行为的一般生效要件要求当事人具有相应的行为能力，标的必须确定、可能和合法，以及意思表示真实，而特别的生效要件则是在一般生效要件基础上特别附加的要件，如对于条件、期限等方面的特别要求。法律行为只有在具备生效要件之后，才意味着当事人的意思自治得到了法律的认同，当事人所进行的行为才受到法律的保

---

① 史尚宽：《民法总论》，298 页，北京，中国政法大学出版社，2000。
② 史尚宽：《民法总论》，324 页，北京，中国政法大学出版社，2000。
③ 林诚二：《民法总则》（下册），297 页，北京，法律出版社，2008。

护。法律行为的效力还可以细分为对内效力和对外效力，"所谓对内的效力，就是指法律行为对当事人产生的法律拘束力……所谓对外的效力，就是指法律行为对当事人以外的人产生的法律拘束力"①。对于主要产生对人权的法律行为而言，当事人的目的便在于获得对特定人的效力，例如合同的缔结等。而对于涉及对世权的法律行为而言，当事人的目的主要在于获得对外的效力，例如物权的转让等。

二、信托登记与财产权变动登记的关系

应登记的财产权，其设立、变更、转让和消灭都需要进行登记，此种登记是权利变动的公示方式，既可以使交易相对人能够通过查询而得知该财产之上的权利变动情况，又有利于国家对于财产权的变动情况进行统计和监管。而信托的有效设立需要委托人将财产权向受托人进行移转或其他处分，而"所谓财产权之移转及其他处分，系谓有直接发生财产权之设定或移转效果之物权行为准物权行为之成立"②。因此信托的设立中既然存在财产权利的变动，则需要进行财产权利变动的登记。

信托登记与财产权变动的登记属于不同的登记，两者不能等同。因为财产权变动的登记只是记载财产权主体的变动，由转让人将财产权登记在受让人名下，或者在财产权之上增加记载其他物权人，例如在不动产之上设立用益物权或担保物权。财产权变动的登记只能将权利在双方当事人之间的变动情况作出公示，在一般的权利变动中，此种登记已经完成了其公示的使命。但是在信托中，委托人将财产权转让或设定给受托人，其目的是让受托人为了受益人的利益而在名义上

---

① 王利明：《民法总则研究》，559 页，北京，中国人民大学出版社，2003。

② 史尚宽：《信托法论》，8 页，台湾，"商务印书馆"股份有限公司，1972（初版于 1946 年）。

拥有此种财产权并进行管理和处分，但需要将财产权的收益交付给受益人，如果受托人违反信托文件或信托目的对其处分权限的限定而对信托财产作出处分时，受益人有权撤销受托人的此种非法处分行为并追回被处分的信托财产。但是交易第三人无法通过财产权利变动登记上的记载得知信托关系的存在，因为第三人从财产权利变动的登记上只能看到委托人向受托人移转或设定财产权这一现象，而无法得知双方当事人作出这样法律行为的原因，所以在此情形下如果受益人还享有撤销第三人与受托人之间交易的权利，则极不利于第三人利益的维护和交易安全的保护。因此，如果以应登记的财产权作为信托财产，则此种信托财产的移转或设定，同时需要办理财产权变动的登记和信托的登记。

例如，委托人为了受益人的利益而将财产移转给受托人，但是委托人与受托人是以买卖或赠与的理由而办理的财产权变动登记。那么此时信托财产已经交付，从理论上讲，信托已经成立并生效，受托人已经成为信托财产的名义所有权人，其完全可以开始履行受托人的职责，对信托财产进行管理和处分。但是由于其并没有办理信托登记，外界通过查阅权利变动的登记簿，只能确定受托人是该财产的所有权人，但并不能知悉其受托人的地位。此时在第三人利益保护和受益人利益保护之间便产生了冲突。如果受托人超越权限将信托财产处分给第三人，则由于信托关系没有进行公示，因而第三人有权得到信托财产的所有权，受益人不能主张撤销交易。只有在委托人向受托人转移财产权时既办理了财产权的过户登记，又办理了信托登记，第三人才能知晓信托关系的存在以及受托人的权限。那么在此种情况下，受托人再超越权限处分信托财产时，第三人就可以知道受托人非法处分情况的存在，此时第三人属于知情的恶意第三人，受益人便有权主张撤销交易、追回信托财产。如此才能实现登记作为权利公示方式的公信力。

因此，信托登记与财产权变动的登记是两种不同的登记，其登记的主体和内容均有所不同。那么从理论上讲，"成立信托关系时，委托人须将信托财产之所有权移转于受托人，此时须为一产权变动登记（多为所有权移转登记）。产权变动登记完成后，为使第三人得知⋯⋯此时须再为一信托契约的登记，以取得对抗第三人之效力"①。因此，信托登记与财产权利变动登记属于两种不同的公示机制，信托登记与信托财产移转时的权利变动登记不能混为一谈。在以应登记的财产权利作为信托财产设立信托时，委托人和受托人须同时完成这两种登记，"亦即，如系以此等应登记或注册始生效或发生对抗效力的财产权设立信托时，其不仅应践行登记或注册的手续，使该处分行为生效或发生对抗效力，同时尚须践行信托登记的程序。"②

实践中，为了办理登记的便利，当事人在设立信托时，可以在同一个申请书上同时写明办理产权变动登记和信托登记的申请，如此则登记机关便可以同时为当事人办理这两种登记。当然，当事人也可以先办理产权变动的登记，嗣后再办理信托登记，只是在此期间，信托当事人无法取得对抗善意第三人的效力。

三、信托的登记成立、登记生效与登记对抗

信托登记的效力是信托登记在信托行为中充当何种要件，因此，根据法律行为要件的类型，可以将信托登记的效力分为登记成立、登记生效两类，由于信托行为中涉及信托财产的处分，信托财产能否取得独立地位以对抗第三人是信托行为的关键，因而信托在当事人之间生效之后，还要看信托法律关系是否取得了对外的效力以对抗第三人，

---

① 林志宏：《由信托继受立法论物权绝对性与债权相对性》，93页，台湾，东吴大学法律系研究所1999年度硕士论文。

② 赖源河、王志诚：《现代信托法论》（增订三版），72页，北京，中国政法大学出版社，2002。

而在这一问题中，信托财产的登记起着重要的作用。所以根据登记在整个信托行为中的效力范围，可以将信托登记的效力细分为成立效力、生效效力和对抗第三人效力三种。那么相应地，认为信托登记决定信托是否成立的观点便可以被称为信托登记成立主义；认为信托登记决定信托是否生效的观点便可以被称为信托登记生效主义；而认为信托登记决定信托是否可以对抗第三人的观点便可以被称为信托登记对抗主义。

也就是说，对于信托登记成立主义而言，信托登记决定着信托是否成立，不登记的信托不得成立；对于信托登记生效主义和信托登记对抗主义而言，信托无须办理信托登记也能成立，登记仅决定着信托的效力范围是限于当事人之间还是扩大到对抗不特定的第三人。

在理论上是可以区分法律行为的成立与生效的，即是否成为法律行为和是否发生法律上效力的区别。法律行为的生效要件其实是在成立要件基础上的提升，是在法律成立要件基础上的更高要求，即具备生效要件的法律行为必定具备成立要件，但是从最后的法律效果来看，"有一点是没有疑问的，即只有在法律行为本身成立，而且所有生效条件都具备的情况下，法律行为才能生效"①。

因此，对于当事人而言，仅具备法律行为的成立要件其实并没有太大的意义，仅仅成立一个法律行为而不能生效，就意味着这一法律行为不能得到国家公权力的认可，因此在法律上不能执行，也得不到保障。而"法律行为须兼具所有的成立要件及生效要件，始能发生一定的法律效果"②。所以当事人在法律行为成立之后，必然寻求该行为的生效，如此才能真正实现当事人的目的，在法律认可的范围内进行

---

① ［德］卡尔·拉伦茨：《德国民法通论》（下册），王晓晔、邵建东、程建英、徐国建、谢怀栻译，429 页，北京，法律出版社，2003。

② 王泽鉴：《民法总则》（增订版），253 页，北京，中国政法大学出版社，2001。

意思自治。

　　就信托而言，由于其类型众多，既可以由单方当事人设定，又可以由委托人和受托人一起成立，因而法律难以对信托行为的成立作出过多的管理和限制，我国《信托法》第 7 条也仅是要求信托在成立时必须有确定的、为委托人合法所有的信托财产。信托作为财产管理和处分的制度，原本是民事主体基于意思自治而通过遗嘱或合同处分自己财产的行为，属于私法自治的范畴。因此，各国法律都并不采信托登记成立主义，因为要求信托在成立时就必须进行登记既是不可行的，也是不必要的。在信托成立之后，国家公权力才有介入和管理的必要性。因此，信托登记的效力在各国立法实践中集中在信托登记生效主义与信托登记对抗主义两种上，后文将对这两种不同的立法态度进行详细分析。

四、英美信托法上的信托登记

　　在大陆法系国家，公示是财产权取得对世效力所必需的条件，因而较为重视信托的登记，不少国家都建立了信托登记制度。但在英美法系国家的信托法上并没有独立的信托登记制度，"我们知道在英国模式的信托制度中并没有关于任何形式的登记的条款，不管是土地登记或其他登记（如股票登记）；相反，这是被明确禁止的。我们还知道，在非普通法国家的信托制度中，登记的形式则是必需的"①。英美法系国家的信托法要求受托人对信托财产作出标记来区分信托财产与其自有财产，同时要求受托人在与第三人进行有关信托财产交易时必须履行说明告知义务（当然，在存在秘密信托的情况下，受托人并不主动说明信托关系的内容），并赋予第三人可以善意取得信托财产的权利。

---

　　① Maurizio Lupoi，*Trusts：A Comparative Study*，translated by Simon Dix，Cambridge University Press，2000，p. 356.

通过这些制度的建构，英美信托法实现了对信托财产独立性的维护以及交易安全的保护。

在英美法系国家里，信托制度早在现代财产登记制度之前就已经发展起来，而且随后"衡平法发展了其他制度或规则来解决现代财产登记制度需要解决的问题。例如，衡平法确立了善意购买人和衡平法知情原则，来解决购买信托财产的第三人与信托受益人之间可能产生的权益争议"①。

在美国信托法中，受托人不得将信托财产与自有财产混同，因此受托人一般都负有在信托财产之上作出标记（earmark）以向外界告示其属于信托财产的义务，因为"如果信托财产没有作出标记，则受托人可能在事后声称营利的投资是来自其自有财产的，而亏损的投资是来自信托财产的"②。那么对于法律设有相关登记制度的信托财产而言，对其作出标记就是要进行登记，例如不动产的信托。对于法律未设立登记制度的信托财产，在可能的情况下受托人应通过银行、经纪公司、过户代理机构等相对中立的第三方机构来作出记录。当然，"实践中并不是所有的信托财产都适合进行标记，例如要想将私人有形财产和不记名债券的信托财产收益反映在第三方机构托管的记录上都是难以实现的。因此无法对这些财产进行独立登记。但是，受托人不得将信托财产与其自有财产相混同的义务仍然是绝对的、无条件的"③。同时，英美信托法在一般的信托关系中，均要求受托人在从事交易时对交易相对人负有说明告知义务，表明其处于受托人的地位而从事交

---

① 何宝玉：《信托登记：现实困境与理想选择》，载刘俊海主编：《中国资本市场法治评论》，第 2 卷，152 页，北京，法律出版社，2009。

② Jesse Dukeminier & Stanley M. Johanson, *Wills, Trusts, and Estates* (*Sixth Edition*)，920 页，北京，中信出版社，2003（影印版）。

③ National Conference of Commissioners on Uniform State Laws, *Uniform Trust Code* (With Prefatory Note and Comments) (Last Revised or Amended in 2005), comment of section 810.

易，这样第三人就能够知悉信托财产之上信托法律关系的存在。如果信托财产未进行标记，受托人在交易时又不履行说明告知义务，那么第三人在不知情时便可以对信托财产主张善意取得。

第二节　信托登记生效主义 vs. 信托登记对抗主义

一、信托登记生效主义：本国的实践

信托登记生效主义就是将登记作为信托行为的生效要件，信托财产必须办理信托登记才能使信托关系产生法律上的效力，不经登记则不能产生法律上的效力。我国《信托法》第 10 条规定："设立信托，对于信托财产，有关法律、行政法规规定应当办理登记手续的，应当依法办理信托登记。未依照前款规定办理信托登记的，应当补办登记手续；不补办的，该信托不产生效力。"对该条规定进行文义解释，即：在需要登记的财产之上设立信托的，只有办理信托登记，信托才能生效，不办理信托登记，则信托不能生效。按照《信托法》第 10 条的规定，只有在信托当事人办理了信托登记手续之后，才能同时发生两方面的法律效力："一是设立信托的行为具有法律效力，信托财产的权利依法由委托人委托给受托人。二是依法设立的信托对第三人具有对抗力，该项法定登记具有信托公示的效力，除信托法有特别规定外，其他人不得主张对该信托财产的权利。"[1] 由此可见，我国《信托法》对于信托登记的效力采取的便是信托登记生效主义，而且，"目前只有我国《信托法》采取了登记生效主义"[2]。

在我国需要登记的财产种类较多，以《物权法》为统帅的《土地

---

[1]　卞耀武主编：《中华人民共和国信托法释义》，67 页，北京，法律出版社，2002。

[2]　何宝玉：《信托法原理研究》，106 页，北京，中国政法大学出版社，2005。

管理法》、《农村土地承包法》、《城市房地产管理法》、《矿产资源法》、《渔业法》等诸多法律法规都规定了各类物权的登记事项，因此如国有土地、农民集体土地、房屋、矿产、海域、水面、草原、森林、林木、民用航空器、船舶、机动车辆、企业集合财产等不动产、自然资源、特殊的动产都属于依法应当办理登记手续的财产。此外，《商标法》、《专利法》等知识产权法律法规还规定了商标权和专利权也必须经登记才能产生。

依照《信托法》的规定，如果当事人意欲以上述这些法律法规所规定的、登记后才能生效或产生对抗效力的财产权作为信托财产来设立信托，则必须进行信托登记，否则信托不能生效，无论是在当事人之间还是在当事人与第三人之间，都不能发生法律效力。当事人如果以上述财产权作为信托财产设立信托但未进行信托登记，那么即使信托目的已经实现而终止，由于信托财产未登记而不能发生效力，整个过程中委托人、受托人和受益人的信托法律关系都是无效的，受益人保有信托利益也缺乏法律依据。信托财产管理和处分中如果涉及交易第三人，由于信托不能生效，第三人在知悉并认同信托法律关系之后与受托人从事的交易也同样得不到法律的保障。可见，我国《信托法》采取信托登记生效主义对于信托各方当事人及交易相对人的利益影响都较大。

二、信托登记对抗主义：域外的经验

信托登记对抗主义的立法模式得到了大部分引进信托制度的大陆法系国家和地区的采纳，此种模式将登记作为信托行为的对抗要件而非生效要件，即信托经当事人设立之后不必对信托财产进行信托登记也能使信托关系产生法律上的效力，但此种效力仅限于当事人之间，尚不能对抗善意第三人；在经过信托登记之后信托财产之上的法律关系就取得了对抗不特定第三人的效力。采纳信托登记对抗主义立法模式之后，"信托登记并非信托的成立或生效要件，只是用来避免善意第三人受到不测损害，以保护交易安全，未经登记的信托财产，只是不得对抗符合善意受让要件的交易第三人，并不影响信托的成立或生效"①。

在信托登记对抗主义模式下，财产办理信托登记只是信托的公示方式，而非信托的生效要件，信托财产经登记之后才能取得对世效力，交易第三人可以通过信托财产登记状况的查询而知晓信托法律关系的存在，受托人的债权人也能够通过查询而知道受托人名下的该笔财产为信托财产而非其自有财产。此种模式较好地平衡了当事人在信托制度中的意思自治与交易安全的保护，因此被广为采用。例如，在日本信托法上，"信托公示，基本上是对抗要件，而非成立要件。未经公示则不得产生对抗第三人的结果，信托关系人不得对善意的第三人主张已成立信托。主张信托财产之独立性时，亦必须要有信托公示。"② 日本 2006 年新修订的《信托法》第 14 条规定了信托财产登记的对抗效力，该条规定："在不登记或不注册就无法以权利的得失或变更对抗第三人的财产方面，不履行信托登记或注册的，不得以该财产为信托财产对抗第三人。"③ 相应地，该法第 27 条详细规定了受托人的撤销权，当受托人对信托财产进行的处分行为超越其权限并且第三人知道信托法律关系的存在及受托人越权的事实时，受益人有权撤销受托人的越权处分行为，并对于取得信托财产的第三人享有追及权。当然，对于应登记或注册的财产而言，只有此类信托财产进行了信托登记，受益

① 谢哲胜：《信托的成立——法院相关判决评释》，载《法令月刊》，第 60 卷第 11 期（2009 年 11 月），63 页。

② 日本三菱日联信托银行编著：《日本信托法制与实务》，台湾信托业商业同业公会审订，63 页，台湾，台湾金融研训院，2009。

③ 转引自张军建：《信托法基础理论研究》，328 页，附录五"日本信托法"，北京，中国财政经济出版社，2009。

人才能享有撤销权，"为保护第三人的权利，关于由登记、注册制度之财产，仅限于有信托公示时，始有承认追及权"①。对于应登记或注册而未进行信托登记的财产，则受益人不享有撤销权，因为信托财产未进行信托登记则未完成公示，难以要求交易第三人知悉受托人的权限并尊重受益人的权利；而通过信托登记而完成公示的信托财产，交易第三人很容易对之进行查询并得知信托法律关系的存在及受托人的权限范围，当受托人超越权限时第三人便能够察觉，当第三人在知情时仍执意与受托人进行交易时，受益人便可以行使撤销权将这一交易撤销。

相似地，韩国《信托法》对于信托登记的效力也做了类似规定，该法第3条规定："关于应登记或注册之财产权的信托，可以其登记或注册对抗第三者。关于有价证券之信托，依内阁命令之规定，证券即表示信托财产之事实。关于股票与公司债券，可以股东名簿或公司债名簿上所记载信托财产之事实，对抗第三者。"②

我国台湾地区"信托法"第4条同样明确规定了登记作为对抗要件，从而确立了信托登记的对抗效力，该条规定："以应登记或注册之财产权为信托者，非经信托登记，不得对抗第三人。以有价证券为信托者，非依目的事业主管机关规定于证券上或其他表彰权利之文件上载明为信托财产，不得对抗第三人。以股票或公司债券为信托者，非经通知发行公司，不得对抗该公司。"需要说明的是，该条规定中对于第三人的规定不够详细，仅使用了"第三人"的概念而未使用"善意第三人"的概念。因此，在对信托登记对抗第三人的效力的解释上，该第三人是仅指善意第三人还是不区分善意、恶意而泛指所有第三人，

　① 日本三菱日联信托银行编著：《日本信托法制与实务》，台湾信托业商业同业公会审订，63页，台湾，台湾金融研训院，2009。
　② 《法务部信托法研究制定资料汇编（三）》，我国台湾地区"法务部"1994年4月印行，1011页。

台湾学界产生了争议。如果对该条进行文义解释，则该条中的第三人当既包括善意第三人又包括恶意第三人，甚至有学者认为，"信托法第4条规定的不得对抗第三人，与信托法第18条规定的受益人不得行使撤销权，皆同样不应区分第三人为善意或有重大过失而不知"①。但是，如果从目的解释的角度出发并结合相关民法理论，也可以认为此处所说的第三人是指不知情且支付了对价的第三人，并不包括知情的、应当知情的以及因重大过失而不知情的第三人，因为"当事人既然创设信托法律关系，受益人的权利即是真正的权利，如为了保护交易安全有必要才剥夺其对抗第三人权利，对信托财产的权属状况明知或可得而知的第三人，即不在交易安全保护的必要限度内"②。台湾地区司法实践中也曾有判决采用过第一种观点，认为对于第三人不应区分善意或恶意，皆应予以保护。③ 对于这一争论，笔者认为第一种观点对于信托当事人的要求过严：只要是信托财产未经信托登记的，即便是完全知情的第三人也不能对抗。这种观点的优点是有利于维护交易的便捷和提升登记公示的地位，缺点是对于受益人的权利保护不够，而且无视当事人真实的意图。事实上，如果第三人完全知悉当事人之间的信托法律关系和受托人的权限范围，那么该第三人其实已经具有了一定的"内部性"，其在知情的前提下可以理性地安排自己的行为，在此情况下其明知行为有损信托财产的独立性和受益人的权利而仍然愿意同越权的受托人发生有关信托财产的交易，其行为有违法律的公平和正义原则。因此，笔者认为应当将"非经信托登记不得对抗第三人"中第三人的范围限缩为善意第三人，由于信托当

---

①　林炫秋：《论遗嘱信托之成立与生效》，载《兴大法学》，第2期（2007年11月），88页。

②　谢哲胜：《债权确保与信托制度的平衡》，载《月旦法学杂志》，第93期（2003年2月），228页。

③　参见我国台湾地区"高等法院"2003年再抗字第74号民事裁定。

事人主张第三人是恶意时，需要负担起相应的举证责任，完成举证之后才能要求对抗效力的发生，因此不至于使第三人的交易受到无端对抗，而且对受益人进行了必要的保护，实现了实质正义，相对更为合理一些。

三、两者的比较分析

通过考察我国和域外的不同立法实践，可知在信托登记的效力上，信托登记生效主义与信托登记对抗主义体现了不同的立法理念，因此对于各方当事人的利益具有不同的影响。具体而言，两种不同的效力模式体现了如下重大差异：

（一）国家公权力介入的程度不同

在信托登记生效主义立法模式下，国家公权力对于信托法律关系的介入较早。此种模式下，对于应登记的财产权，当事人一旦决定成立信托，国家公权力便开始介入其中，在信托成立之后即面临着公权力的审核，不将信托财产进行信托登记的，则信托便不能生效。此种做法的好处是可以督促人们在设立信托时去办理信托登记，因此有利于国家公权力对于财产归属的真实状况及信托法律关系状况进行统计和监督；而且设置较前的登记制度也有利于信托财产独立性的维持，有利于减少日后的纠纷。

在信托登记对抗主义立法模式下，国家公权力对于信托法律关系的介入相对较迟。此种模式下，对于应登记的财产权，当事人决定设立信托时只要符合信托的成立要件便可以使信托法律关系生效，当事人之间便可以按照信托文件的约定行事，履行义务、享受权利，国家公权力对此并不介入和干涉。只有当有关信托财产的交易涉及第三人时，为了保护交易秩序和受益人的权利，国家公权力才介入信托法律关系，对财产是否办理信托登记作出对抗或不对抗善意第三人的判断。

国家公权力介入私法主体间法律关系的不同程度，在实质上体现了国家对于市场经济的不同干预程度。虽然在现代工商社会中，政府有必要对市场经济进行一定的甚至是积极的干预，但此种干预主要限于涉及公共福利的领域，对于较为纯粹的私人事务则并无干预的必要，而且公权力的行使也需要相应的行政成本支出，干预得越早、程度越深，则相应的成本就越高。为了实现行政效率的最大化，政府应当在有必要介入的时间点上才介入市场经济活动之中。对于信托而言，基本上是当事人的私人事务，因此在生效之初国家公权力实无介入的必要，当信托财产的交易涉及第三人时，第三人需要与受托人发生交易、评估其财产状况，由于第三人代表着市场交易秩序，此时公权力的介入方为必要。从这一点而言，对于信托登记的效力采取登记对抗主义是符合现代市场规律的，也符合现代社会中国家公权力在市场经济中进行运作的规律。

（二）当事人意思自治的程度不同

在信托登记生效主义立法模式下，当事人意思自治的程度相对较低。在此种模式下，当事人能够进行意思自治的范围仅限于成立信托法律行为，但是如前所述，法律行为不生效在实际效果上等于行为根本未成立，因此当事人的意思自治范围较小、程度较低。

在信托登记对抗主义立法模式下，当事人意思自治的程度相对较高一些。在此种模式下，当事人可以自行决定设定信托法律关系，该法律关系在设定之后便生效，各方当事人都要受到信托文件中约定条款的约束，信托财产便开始由受托人经营管理，受益人便可以开始受益。只要受托人未超越权限处分信托财产，也未受到债权人的追索，则信托财产未办理信托登记也对他人利益不产生负面作用，不影响已发生的法律关系有效存续。因此当事人的意思自治范围较大、程度较高。

尊重并保护当事人的意思自治是现代私法的主要目标之一。市民社会中对民事主体的假设是理性人，人们有能力为自己的事务自主作出安排，并对自己行为的后果承担责任，所以法律应当赋予人们意思自治的空间，并保护人们意思自治的结果。信托登记生效主义压缩了信托当事人意思自治的空间，忽视了信托法律关系的特质和多样性，因此有悖于现代私法精神，不利于私法主体对于私人事务的处理。例如，以遗嘱的形式设立信托，在信托登记生效主义模式下，未办理信托登记则该遗嘱信托对于受托人、受益人及其他继承人等各方当事人都不能生效，即便受托人已经依照遗嘱设定的信托合同请求继承人或遗产管理人将被继承人设定信托的遗产移转在自己名下，只要未办理信托登记，其对该遗产的取得及处分都归于无效。可见登记生效主义不利于当事人对于自己财产权进行自由安排和处分，有学者指出，"设立信托采取不登记不生效制度，似使之过严，也是对委托人设立信托的意图的最大打击。以如此强烈的公权干预，挫败私人设立信托的自由意志，是否有必要，无论从法理上还是实践效果看，都值得研究"①。相较而言，信托登记对抗主义则赋予私法主体在处理自己事务上的自治空间，只有当受托人对信托财产的处理超越权限、涉及第三人时，法律为了保护交易秩序和受益人的权利才对信托财产的登记状况作出区分，赋予已登记的信托法律关系更强大的效力，让受益人享有撤销权和追及权以对抗第三人；而未登记的信托法律关系在当事人之间仍然有效存续，当事人都必须遵守信托文件的约定，只有当受托人对信托财产的处分超越权限变成无权处分时，交易第三人因不知情而有权依交易而取得信托财产，此时受益人就不能对其行使撤销权和追及权了。

---

① 何宝玉：《信托法原理研究》，107 页，北京，中国政法大学出版社，2005。

第三节 我国应改采信托登记对抗主义

一、理论认识上的误区

据立法者介绍，我国进行信托立法时之所以采取信托登记生效主义主要是基于两方面的考虑："一是依照法律、行政法规的规定，对重要的信托财产办理法定的登记手续，是合法权利成立的要件。二是依法办理信托登记是关于信托关系成立的法定的公示方式。因此，依法办理信托登记，对信托关系的成立和信托当事人权利义务关系的确定，有重要的意义。"[①] 从这两个理由可以看出，我国立法者在立法时对于信托登记制度的理解存在如下理论认识上的误区：

第一，误以为所有设立信托的行为都是要物行为。立法者认为依法对信托财产办理权利移转或设定的登记手续是合法权利成立的要件，这种观点误以为所有设立信托的行为都是要物行为、都需要办理财产权移转或设定手续才能成立，忽视了我国《信托法》第8条的规定。根据该条规定，设立信托的方式有信托合同、遗嘱或者直接依据法律、行政法规的规定等数种方式。在这些方式中，信托的成立必须伴随着财产权的移转或设定的，是通过合同而设立信托的方式，而不能包括遗嘱信托、宣言信托等设立信托的方式。以合同的方式设立信托，由于其属于要物行为，因而其成立要件包括：合格的信托关系当事人、合法的信托财产和信托财产权利的移转或设定。但是，以遗嘱的方式设立信托，却并非要物行为，因为遗嘱在遗嘱人死亡之后才开始生效，所设定信托的遗产"必须于遗嘱人死亡，遗嘱发生效力后，才由遗嘱

---

① 卞耀武主编：《中华人民共和国信托法释义》，66页，北京，法律出版社，2002。

执行人或遗产继承人，完成信托财产所有权移转，或其他物权设定行为"①。所以不可能要求遗嘱信托在设立的同时便完成财产权的移转或设定。又如宣言信托的设立同样不是要物行为，因为宣言信托的委托人亲自担任受托人，信托财产本身便是受托人的财产，所以不存在财产的转移或设定行为，只需委托人对外宣称自己为了某一目的而在自己的某部分财产之上设立信托，信托即可成立。因此，立法者以为既然信托的成立都伴随着权利的移转或设定登记则再增加一个信托登记的要求也是理所当然之事，是对信托设立方式多样性的忽视，是一种理论认识上的误区。

第二，忽视了以登记作为对抗效力的财产权的存在。在我国的财产权登记制度中，并非全部都是登记生效主义，立法者认为对重要的信托财产办理法定的登记手续是合法权利成立的要件，忽视了我国法律中还存在许多以登记作为对抗效力的财产权的存在。例如，我国1992年通过的《海商法》的第9条和第13条分别规定了船舶所有权和船舶抵押权登记的效力是"未经登记的，不得对抗第三人"。又如，我国1995年通过的《民用航空法》第14条和第16条也分别规定民用航空器所有权和抵押权登记的效力同样是"未经登记的，不得对抗第三人"。对于这些需要进行登记却并不以登记作为权利生效要件的财产，当权利人在它们之上设立信托时，这些财产权无须办理登记就已经有效转让给了受托人，但如果不办理信托登记的话信托关系尚不能成立，那么此时一方面是受托人无须办理财产权移转登记便可以有效取得该财产权，并可以在实质上对信托财产进行管理和处分，除非委托人又将财产权转让给善意第三人并办理登记，这种事实上的信托关系可以运行无碍；而另一方面，由于没有办理信托登记，在《信托法》

---

① 林炫秋：《论遗嘱信托之成立与生效》，载《兴大法学》，第2期（2007年11月），65页。

上信托关系完全还未成立。如此则出现了《信托法》的规定与现实脱节的现象。其实早在 1946 年，史尚宽先生就曾指出："苟当事人以设定信托之意义，已为权利设定或移转之登记，纵未为信托之登记，亦不妨许其基于当事人间仍成立信托关系，惟对于第三人则不得主张其信托之成立。况在我国，船舶商标专用权及著作权等之设定移转，亦系采登记对抗主义，则此等权利设定信托，势难另采登记要件主义，故将来立法，仍以采用登记对抗主义为宜。"[①]

第三，未能区分信托登记与财产权登记的不同功能。对于应登记的财产权而言，其具有强大的对世效力，因此登记是财产权利生效或产生对抗效力的要件，对于前者，办理财产权变动的登记才能使受让人取得财产权，对于后者，办理财产权变动的登记才能使受让人的权利获得对世效力。应登记的财产权主要是物权，"为了确保物权人的支配，也就是确保物权人能够以独断的意思行使权利，同时确保物权人行使权利时不至于对第三人造成损害，故在物权变动之时，应该将这一变动的事实向社会公开展示，以期得到社会的承认和法律的保护"[②]。所以财产权登记的主要功能是为了保护交易第三人的利益，维护交易安全。而对于信托而言，在信托成立之后，受托人已经是信托财产的名义所有人，已经进行了信托财产的移转或设定的登记，交易第三人可以查询到受托人是财产的所有权人，因此在受托人与第三人从事交易时，第三人的利益已经受到财产权登记公信力的保护，不会再受损。而进行信托登记之后，受托人同样是信托财产的所有权人，但信托登记会记明信托法律关系、信托目的和受托人的权限等事项，为受托人和第三人的交易设置一些限制，其目的主要不是保护第三人的利益和交易安全，而是为了保护受益人的权利。因为受益人既不是

---

① 史尚宽：《信托法论》，24 页，台湾，"商务印书馆"股份有限公司，1972（初版于 1946 年）。

② 孙宪忠：《中国物权法总论》，2 版，271 页，北京，法律出版社，2009。

信托财产的名义所有权人，也不占有信托财产，仅凭信托文件对受托人的约束来保障其受益权显然不够，因此在办理信托登记之后，受益人对于受托人对信托财产超越权限的处分行为便享有撤销权，通过追回、保全信托财产的方式来保护其受益权。当然，信托登记也可以使受托人可能的债权人对于受托人的财产状况有所了解，不至于以为受托人名下所有的财产都是未来债权的责任财产。可见，财产权登记重在保护交易第三人的安全，而信托登记则重在保护受益人的权利，两者的主要功能有所不同。

二、实践操作中的问题

（一）财产权登记制度不完善，导致在许多财产之上无法设立信托

我国有关财产权登记的制度向来不够完善，既缺乏较高层次的立法，又缺乏明确的登记机关，因此存在法律依据零散、登记机构零乱的现象。虽然在 2007 年通过的《物权法》第 10 条第 2 款规定："国家对不动产实行统一登记制度。统一登记的范围、登记机构和登记办法，由法律、行政法规规定。"但至今有关不动产的统一登记立法仍未出台，所以财产权登记制度不完善的局面仍未得到根本性的改变。以不动产登记为例，目前我国法律法规有较为明确的登记制度的主要是建设用地使用权、房屋所有权、不动产抵押权等少数几方面，而针对"现实生活中广泛存在的土地租赁权、地役权、承包经营权、地上权、采矿权、空间利用权等诸多不动产权利却没有被列入登记范围，使有些物权不经法定登记方式也可获得……另一方面又使合法获得的物权无法登记而得不到保护"[①]。由于以合同方式设立信托要求财产权的移转才能设立信托，而大量的财产权属于应登记的范围却又没有明确的

---

① 汪其昌：《不动产信托登记问题研究》，载《信托周刊》，第 20 期（2009 年 8 月 31 日），19 页。

登记制度，因而难以完成财产权的移转，从而影响了在这些财产权之上设立信托。

（二）信托登记制度尚未建立，许多信托关系难以登记而无法生效

我国《信托法》第 10 条仅规定了信托登记的生效主义的原则，并未对信托登记作出更为详细的规定。由于"有关中央主管部门既未获明确授权，对信托制度又缺乏深入了解，对信托业界面临的信托登记困境也缺乏深刻理解，加上长期形成的权力意识，缺乏政府机关制度供给的义务观念，倾向于把制定规则只当成是一种权力而不是一项义务"[①]，因而在《信托法》通过之后立法机关和行政机关也一直未制定相应的配套法律法规，使信托登记无法落实，而已有的财产权登记制度又没有进行信托登记的空间，因此信托登记从登记机关到登记程序全都不明确，信托登记制度处于尚未建立的状况，极大地影响了我国信托制度的推广运用。在目前缺乏信托登记制度的情况下，"信托当事人签署信托合同之后，无法依据信托合同直接办理标的物过户手续，双方只能再签署一份买卖合同，依据买卖合同办理过户。这种做法无法区分普通的商业行为与信托行为"[②]。有的信托当事人因无法办理信托登记而不得不将信托文件进行公证，试图以此获得对抗效力，其景况窘迫不堪。一些信托公司甚至不得不自发成立了一家民间的"上海信托登记中心"，试图依靠自身力量来办理信托业务的登记。[③]

凡此种种实践操作中的问题，极大地影响了信托登记的进行，再加上《信托法》关于信托登记生效主义的规定，使得大量的信托在现

---

① 何宝玉：《信托登记：现实困境与理想选择》，载刘俊海主编：《中国资本市场法治评论》，第 2 卷，167 页，北京，法律出版社，2009。

② 罗杨：《信托登记制度启示录：设计思路与法律建议（下）》，载《信托周刊》，第 11 期（2009 年 3 月 25 日），5 页。

③ 相关详细报道请参见尚今：《上海拟成立信托登记中心》，载《金融时报》，2006－05－01，第 4 版；于婷婷：《上海信托登记中心业务铺向全国》，载《第一财经日报》，2007－06－20，第 B02 版。

实中无法生效，这对于信托制度的推广、信托业的发展甚至市场经济的发达都起着极大的负面作用，因此必须加以改变。

三、我国应改采信托登记对抗主义

如果我国能够通过修改法律的方式改变《信托法》中关于信托登记生效主义的规定，改采信托登记对抗主义，则可以回归信托制度的本旨，理顺信托登记的效力与我国财产权登记效力之间的关系，兼顾当事人之间的私法自治与第三人的保护。在信托成立之后未办理信托登记的，"仅系不得以信托对抗第三人，至于在信托关系人间，信托纵然未经公示，只要为信托标的物的财产权移转或其他处分有效，信托财产的受让人当然可主张其为受托人，亦即信托关系不因未办理信托登记而受影响"[①]。改采登记对抗主义，将赋予当事人更大的意思自治空间，在信托登记制度不够完善的情况下，也有利于当事人权利的保护。因此，如果修改《信托法》，则应该将该法第 10 条修改为："设立信托，对于信托财产，有关法律、行政法规规定应当办理登记手续的，应当依法办理信托登记。未依照前款规定办理信托登记的，该信托不得对不知情的第三人产生效力。"

在 2007 年《物权法》通过之后，制定统一不动产登记法的呼声甚高，我国如果改采信托登记对抗主义，则可以在将来制定统一不动产登记法案时，在其中规定不动产信托登记的事项，完成不动产信托的登记制度构建，然后再逐步完成其他财产权的信托登记制度构建，如此则我国可以尽快建立起信托登记制度。

---

① 江隆蒲：《台湾现行不动产信托登记之种类与问题分析》，载《信托周刊》，第 20 期（2009 年 8 月 31 日），10 页。

第四章　信托登记系统与登记机构的建构

第一节　信托登记的内容

一、应登记的信托财产范围

如前所述，信托公示的方法一般可以根据信托财产的主要类别分为三种，即依法应登记的财产权的信托公示方法为登记；有价证券的信托公示方法为在有价证券上载明其为信托财产；其他财产权则无有效的信托公示方法。我国《信托法》第10条第1款规定："设立信托，对于信托财产，有关法律、行政法规规定应当办理登记手续的，应当依法办理信托登记。"对于该条关于应登记的信托财产的规定，具有三方面的含义：

第一，对于财产权登记的要求，仅限于法律和行政法规的规定。法律是指全国人民代表大会及其常委会行使立法权而制定的规范性文件，行政法规是指国务院根据宪法和法律的授权而制定的规范性文件。只有当对财产权登记的要求是在这两个层面上的立法中提出的时，在该财产权之上设立信托才需要办理信托登记。其他的规范性文件如地方性法规、自治条例、单行条例、国务院部门规章、地方政府规章中即便规定了必须登记的财产权，也不能成为信托财产必须办理信托登记的依据。例如，关于海域使用权，全国人大常委会在 2001 年 10 月 27 日通过的《海域使用管理法》第 19 条中规定："海域使用申请经依法批准后，国务院批准用海的，由国务院海洋行政主管部门登记造册，向海域使用申请人颁发海域使用权证书；地方人民政府批准用海的，由地方人民政府登记造册，向海域使用申请人颁发海域使用权证书。海域使用申请人自领取海域使用权证书之日起，取得海域使用权。"可见海域使用权的取得是经审批的结果，该条中的登记只是政府的登记管理造册行为，而不是海域使用权的公示方法，其公示方法应该是政府机关的公告，该法第 21 条第 1 款规定："颁发海域使用权证书，应当向社会公告。"而国家海洋局 2006 年 10 月 13 日颁布的部门规章《海域使用权登记办法》第 3 条第 1 款规定：海域使用权及他项权利的取得、变更、终止应当依照本办法进行登记。依法登记的海域使用权及他项权利受法律保护，任何单位和个人不得侵犯。该规章将《海域使用管理法》中由行政机关在批准海域使用权时应当主动进行的登记造册发证行为，变成了海域使用权申请人的义务。那么该规章中关于海域使用权必须登记的规定，就不能成为海域使用权作为信托财产必须进行信托登记的依据，以海域使用权作为信托财产的，并非必须进行信托登记。

第二，法律法规对于财产权登记的规定，应当是将登记作为财产权的公示方式，是对该权利的产生、变动或消灭事项的规定，而不是行政机关内部为了归档整理而进行登记造册的登记。例如，《物权法》第127条规定："土地承包经营权自土地承包经营权合同生效时设立。县级以上地方人民政府应当向土地承包经营权人发放土地承包经营权证、林权证、草原使用权证，并登记造册，确认土地承包经营权。"那么该条中的登记行为就不属于土地承包经营权权利本身产生、变动或消灭的登记，而是政府为了方便进行土地权利管理而进行的整理归档记录，即"登记造册不是物权设立的公示方法，只是政府出于管理需要而对土地承包经营权的确认。登记并不是基于当事人的申请而发生的，而是政府依法作出的一种职权行为"①。

第三，由于《物权法》第127条规定中使用了"应当"一词，因而法律法规对于财产权的登记必须是强制性的规定，登记是当事人必须进行而非可以自由选择的程序。例如，《物权法》第158条规定："地役权自地役权合同生效时设立。当事人要求登记的，可以向登记机构申请地役权登记；未经登记，不得对抗善意第三人。"那么该条中虽然也出现了对地役权登记的规定，但此处的登记只是任意性规定，为当事人可以自由选择的事项，其权利的产生变动和消灭并不必须经过登记，只是不经登记不得产生对抗效力。如果以地役权作为信托财产设立信托的话，也并不需要进行信托登记，属于无法定公示方法的财产权，但是善意第三人可以从受托人处继受取得该财产权。

因此，凡是依照我国有关法律和行政法规的规定，其产生、变动和消灭需要办理登记的财产权在成为信托财产时，就需要以登记为信托公示方法，办理信托登记。目前在我国，各种法律法规所规定的应登记的财产权种类较多，既包括以登记作为生效要件的财产权，如常见的建设用地使用权、房屋所有权等；也包括以登记作为对抗要件的

---

① 王利明：《物权法研究（修订版）》（下卷），67页，北京，中国人民大学出版社，2007。

财产权，如船舶、航空器、机动车辆等动产；还包括商标权、专利权等需要登记的知识产权。由于信托登记的客体既包括信托财产，又包括信托法律关系，所以信托登记的内容也应当包括信托财产和信托法律关系的内容两方面。下面笔者以表格的形式将常见的应登记的财产权进行列举，以明确应登记的信托财产的范围。

表 4—1   依法应登记的财产权种类

序号	财产权名称	法律法规名称	具体规定
1	不动产物权	《物权法》（2007年3月16日通过，同年10月1日生效）	第9条："不动产物权的设立、变更、转让和消灭，经依法登记，发生效力；未经登记，不发生效力，但法律另有规定的除外。依法属于国家所有的自然资源，所有权可以不登记。"
2	特殊的动产物权	《物权法》	第24条："船舶、航空器和机动车等物权的设立、变更、转让和消灭，未经登记，不得对抗善意第三人。"
3	建设用地使用权	《物权法》	第139条："设立建设用地使用权的，应当向登记机构申请建设用地使用权登记。建设用地使用权自登记时设立。登记机构应当向建设用地使用权人发放建设用地使用权证书。" 第145条："建设用地使用权转让、互换、出资或者赠与的，应当向登记机构申请变更登记。" 第150条："建设用地使用权消灭的，出让人应当及时办理注销登记。登记机构应当收回建设用地使用权证书。"
4	（1）建筑物和其他土地附着物抵押权；（2）建设用地使用权抵押权；	《物权法》	第187条："以本法第一百八十条第一款第一项至第三项规定的财产或者第五项规定的正在建造的建筑物抵押的，应当办理抵押登记。抵押权自登记时设立。" 第180条第1款："债务人或者第三人有权处分的下列财产可以抵押：（一）建筑物和其他土地附着物；（二）建设用地使用权；"

续前表

序号	财产权名称	法律法规名称	具体规定
	（3）四荒农村土地承包经营权抵押权；（4）在建建筑物抵押权		（三）以招标、拍卖、公开协商等方式取得的荒地等土地承包经营权……（五）正在建造的建筑物、船舶、航空器……"
5	动产浮动抵押权	《物权法》	第189条："企业、个体工商户、农业生产经营者以本法第一百八十一条规定的动产抵押的，应当向抵押人住所地的工商行政管理部门办理登记。抵押权自抵押合同生效时设立；未经登记，不得对抗善意第三人。依照本法第一百八十一条规定抵押的，不得对抗正常经营活动中已支付合理价款并取得抵押财产的买受人。"第181条："经当事人书面协议，企业、个体工商户、农业生产经营者可以将现有的以及将有的生产设备、原材料、半成品、产品抵押，债务人不履行到期债务或者发生当事人约定的实现抵押权的情形，债权人有权就实现抵押权时的动产优先受偿。"
6	无权利凭证的权利质权	《物权法》	第224条："以汇票、支票、本票、债券、存款单、仓单、提单出质的，当事人应当订立书面合同。质权自权利凭证交付质权人时设立；没有权利凭证的，质权自有关部门办理出质登记时设立。"
7	（1）基金份额质权；（2）股权质权	《物权法》	第226条第1款："以基金份额、股权出质的，当事人应当订立书面合同。以基金份额、证券登记结算机构登记的股权出质的，质权自证券登记结算机构办理出质登记时设立；以其他股权出质的，质权自工商行政管理部门办理出质登记时设立。"
8	知识产权质权，如（1）注册商标专用权质权；（2）专利权质权；（3）著作权质权	《物权法》	第227条："以注册商标专用权、专利权、著作权等知识产权中的财产权出质的，当事人应当订立书面合同。质权自有关主管部门办理出质登记时设立。"

续前表

序号	财产权名称	法律法规名称	具体规定
9	应收账款质权	《物权法》	第228条："以应收账款出质的，当事人应当订立书面合同。质权自信贷征信机构办理出质登记时设立。"
10	(1) 农民集体土地所有权；(2) 农民集体土地建设用地使用权；(3) 国有土地使用权	《土地管理法》(1986年6月25日通过，1987年1月1日生效，经过1988年12月29日修正、1998年8月29日修订、2004年8月28日修正)；《土地管理法实施条例》(1999年1月1日施行)	《土地管理法》第11条第1～3款："农民集体所有的土地，由县级人民政府登记造册，核发证书，确认所有权。农民集体所有的土地依法用于非农业建设的，由县级人民政府登记造册，核发证书，确认建设用地使用权。单位和个人依法使用的国有土地，由县级以上人民政府登记造册，核发证书，确认使用权；其中，中央国家机关使用的国有土地的具体登记发证机关，由国务院确定。"第13条："依法登记的土地的所有权和使用权受法律保护，任何单位和个人不得侵犯。"《土地管理法实施条例》第6条："依法改变土地所有权、使用权的，因依法转让地上建筑物、构筑物等附着物导致土地使用权转移的，必须向土地所在地的县级以上人民政府土地行政主管部门提出土地变更登记申请，由原土地登记机关依法进行土地所有权、使用权变更登记。土地所有权、使用权的变更，自变更登记之日起生效。依法改变土地用途的，必须持批准文件，向土地所在地的县级以上人民政府土地行政主管部门提出土地变更登记申请，由原土地登记机关依法进行变更登记。"
11	农村四荒土地承包经营权	《农村土地承包法》(2002年8月29日通过，2003年3月1日施行)	第44条："不宜采取家庭承包方式的荒山、荒沟、荒丘、荒滩等农村土地，通过招标、拍卖、公开协商等方式承包的，适用本章规定。"第49条："通过招标、拍卖、公开协商等方式承包农村土地，经依法登记取得土地承包经营权证或者林权证等证书的，其土地承包经营权可以依法采取转让、出租、入股、抵押或者其他方式流转。"
12	(1) 房屋所有权；	《城市房地产管理法》(1994	第36条："房地产转让、抵押，当事人应当依照本法第五章的规定办理权属登记。"

续前表

序号	财产权名称	法律法规名称	具体规定
	（2）国有土地使用权；（3）房地产抵押权	年7月5日通过，1995年1月1日施行，2007年8月30日修正）	第61条第1～3款："以出让或者划拨方式取得土地使用权，应当向县级以上地方人民政府土地管理部门申请登记，经县级以上地方人民政府土地管理部门核实，由同级人民政府颁发土地使用权证书。在依法取得的房地产开发用地上建成房屋的，应当凭土地使用权证书向县级以上地方人民政府房产管理部门申请登记，由县级以上地方人民政府房产管理部门核实并颁发房屋所有权证书。房地产转让或者变更时，应当向县级以上地方人民政府房产管理部门申请房产变更登记，并凭变更后的房屋所有权证书向同级人民政府土地管理部门申请土地使用权变更登记，经同级人民政府土地管理部门核实，由同级人民政府更换或者更改土地使用权证书。" 第62条："房地产抵押时，应当向县级以上地方人民政府规定的部门办理抵押登记。因处分抵押房地产而取得土地使用权和房屋所有权的，应当依照本章规定办理过户登记。"
13	（1）探矿权；（2）采矿权	《矿产资源法》（1986年3月19日通过，同年10月1日施行，1996年8月29日修正）	第3条第3款："勘查、开采矿产资源，必须依法分别申请、经批准取得探矿权、采矿权，并办理登记；但是，已经依法申请取得采矿权的矿山企业在划定的矿区范围内为本企业的生产而进行的勘查除外。国家保护探矿权和采矿权不受侵犯，保障矿区和勘查作业区的生产秩序、工作秩序不受影响和破坏。"
14	（1）国家森林、林木和林地的使用权；（2）集体森林、林木和林地的使用权；（3）林木所有权	《森林法实施条例》（2000年1月29日发布并施行）	第4条第1款："依法使用的国家所有的森林、林木和林地，按照下列规定登记：（一）使用国务院确定的国家所有的重点林区（以下简称重点林区）的森林、林木和林地的单位，应当向国务院林业主管部门提出登记申请，由国务院林业主管部门登记造册，核发证书，确认森林、林木和林地使用权以及由使用者所有的林木所有权；（二）使用国家所有的跨行政区域的森林、林木和林地的单位和个人，应当向共同的上

续前表

序号	财产权名称	法律法规名称	具体规定
			一级人民政府林业主管部门提出登记申请，由该人民政府登记造册，核发证书，确认森林、林木和林地使用权以及由使用者所有的林木所有权；（三）使用国家所有的其他森林、林木和林地的单位和个人，应当向县级以上地方人民政府林业主管部门提出登记申请，由县级以上地方人民政府登记造册，核发证书，确认森林、林木和林地使用权以及由使用者所有的林木所有权。" 第5条："集体所有的森林、林木和林地，由所有者向所在地的县级人民政府林业主管部门提出登记申请，由该县级人民政府登记造册，核发证书，确认所有权。单位和个人所有的林木，由所有者向所在地的县级人民政府林业主管部门提出登记申请，由该县级人民政府登记造册，核发证书，确认林木所有权。使用集体所有的森林、林木和林地的单位和个人，应当向所在地的县级人民政府林业主管部门提出登记申请，由该县级人民政府登记造册，核发证书，确认森林、林木和林地使用权。" 第6条："改变森林、林木和林地所有权、使用权的，应当依法办理变更登记手续。"
15	（1）国有草原使用权； （2）集体草原所有权	《草原法》（1985年6月18日通过，2002年12月28日修订，2003年3月1日施行）	第11条："依法确定给全民所有制单位、集体经济组织等使用的国家所有的草原，由县级以上人民政府登记，核发使用权证，确认草原使用权。未确定使用权的国家所有的草原，由县级以上人民政府登记造册，并负责保护管理。集体所有的草原，由县级人民政府登记，核发所有权证，确认草原所有权。依法改变草原权属的，应当办理草原权属变更登记手续。" 第12条："依法登记的草原所有权和使用权受法律保护，任何单位或者个人不得侵犯。"
16	（1）船舶所有权； （2）船舶抵押权	《海商法》（1992年11月7日通过，1993年7月1日施行）	第9条："船舶所有权的取得、转让和消灭，应当向船舶登记机关登记；未经登记的，不得对抗第三人。"

续前表

序号	财产权名称	法律法规名称	具体规定
			第13条："设定船舶抵押权，由抵押权人和抵押人共同向船舶登记机关办理抵押权登记；未经登记的，不得对抗第三人……船舶抵押权的登记状况，允许公众查询。"
17	（1）民用航空器所有权；（2）民用航空器抵押权；（3）民用航空器优先权；（4）民用航空器承租人的占有权	《民用航空法》（1995年10月30日通过，1996年3月1日施行）	第14条第1款："民用航空器所有权的取得、转让和消灭，应当向国务院民用航空主管部门登记；未经登记的，不得对抗第三人。"第16条："设定民用航空器抵押权，由抵押权人和抵押人共同向国务院民用航空主管部门办理抵押权登记；未经登记的，不得对抗第三人。" 第19条："下列各项债权具有民用航空器优先权：（一）援救该民用航空器的报酬；（二）保管维护该民用航空器的必需费用。前款规定的各项债权，后发生的先受偿。" 第20条："本法第十九条规定的民用航空器优先权，其债权人应当自援救或者保管维护工作终了之日起三个月内，就其债权向国务院民用航空主管部门登记。" 第33条："民用航空器的融资租赁和租赁期限为六个月以上的其他租赁，承租人应当就其对民用航空器的占有权向国务院民用航空主管部门办理登记；未经登记的，不得对抗第三人。"
18	（1）机动车所有权；（2）机动车抵押权	《道路交通安全法》（2003年10月28日通过，2004年5月1日施行，2007年12月29日第一次修正，2011年4月22日第二次修正）；《道路交通安全法实施条例》（2004年4月28日通过，2004年5月1日施行）	《道路交通安全法》第12条："有下列情形之一的，应当办理相应的登记：（一）机动车所有权发生转移的；（二）机动车登记内容变更的；（三）机动车用作抵押的；（四）机动车报废的。" 《道路交通安全法实施条例》第4条："机动车的登记，分为注册登记、变更登记、转移登记、抵押登记和注销登记。" 第5条第1款："初次申领机动车号牌、行驶证的，应当向机动车所有人住所地的公安机关交通管理部门申请注册登记。" 第7条第1款："已注册登记的机动车所有权发生转移的，应当及时办理转移登记。" 第8条："机动车所有人将机动车作为抵押物抵押的，机动车所有人应当向登记该机动车的公安机关交通管理部门申请抵押登记。"

续前表

序号	财产权名称	法律法规名称	具体规定
19	注册商标专用权	《商标法实施条例》（2002 年 8 月 3 日通过，2002 年 9 月 15 日施行）	第 26 条第 1 款："注册商标专用权因转让以外的其他事由发生移转的，接受该注册商标专用权移转的当事人应当凭有关证明文件或者法律文书到商标局办理注册商标专用权移转手续。"
20	（1）专利申请权；（2）专利权	《专利法》（1984 年 3 月 12 日通过，1985 年 4 月 1 日施行，1992 年 9 月 4 日、2000 年 8 月 25 日、2008 年 12 月 27 日三次修正）	第 10 条第 3 款："转让专利申请权或者专利权的，当事人应当订立书面合同，并向国务院专利行政部门登记，由国务院专利行政部门予以公告。专利申请权或者专利权的转让自登记之日起生效。"

资料来源：本研究自行整理。

二、信托财产

信托登记的内容，首先是要对信托财产的客观状况作出准确的记录，即对信托财产的物理状况、事实情况及已有的权利负担等进行客观而全面的描述，尽量符合该财产在现实生活中和法律上的原貌。从表 4—1 中可见，应登记的财产权不外乎不动产所有权、特殊的动产所有权、用益物权、抵押权、质权和知识产权这六类，因此，这些财产权作为信托财产进行登记时，首先就应该将这些权利的标的物的客观状况进行记载和描述。

第一，记载信托财产的客观状况。对于信托财产客观状况的记载，可以参考该财产在进行其自身的权利登记时的记载要求，一般需要对财产的位置、界限、范围、大小、期限等作出记载。例如，根据国土资源部 2007 年 12 月 30 日颁布的《土地登记办法》第 15 条的规定，土地权利在登记时对于土地本身应当载明土地的坐落、界址、面积、宗地号、用途和取得价格及地上附着物情况。因此，以土地上的权利作为信托财产进行信托登记的，也需要对土地的这些情况进行登记。又如，原建设部 2008 年 2 月 15 日颁布的《房屋登记办法》第 10 条第 1 款规定："房屋应当按照基本单元进行登记。房屋基本单元是指有固定界限、可以独立使用并且有明确、唯一的编号（幢号、室号等）的房屋或者特定空间。"所以在进行房屋信托登记时，应当详细记载作为信托财产的房屋所处的地理位置，并详细记载房屋具体所处的幢、层、套、间等情况。

第二，还应当记明信托财产之上已存在的其他权利情况。例如，以房屋所有权作为信托财产设立信托的，在登记时除了记载和描述房屋的客观状况以外，如果该套房屋已经设立抵押权或租赁权的，也应当将这些情况加以载明。

三、信托法律关系

除了对信托财产进行客观描述之外，信托登记还必须载明财产之上的信托法律关系。"登记内容应尽量能呈现信托法律关系的全貌，又能方便第三人查阅而能较明确地明了受托人的权限和受益人的权利。"[①] 对于信托法律关系的记载，应当集中于当事人、信托目的和权限三方面。

首先，信托登记应当根据申请人提供的身份证明材料载明委托人、受托人和受益人的身份信息，如姓名或名称、住所或营业场所等。如果受益人尚不能具体确定的，例如公益信托，则需要记明受益人的范围。

其次，应当载明设立信托的目的。登记机关通过对信托目的登记时的审查，可以判断信托的设定是否符合法律要求的目的。根据《信托法》第 11 条的规定，信托目的违反法律、行政法规或者损害社会公

---

① 谢哲胜：《信托法》，166 页，台湾，元照出版有限公司，2009。

共利益或专以诉讼或者讨债为目的的信托不能有效设立。对于信托目的的载明还有利于判断受托人的处分行为是否超越权限，当根据信托登记对于受托人权限的记载难以判断其行为是否越权时，可以根据信托的目的来进行解释和判断。

最后，应当载明受托人的权限。这是保护交易第三人利益的重要内容，交易第三人在交易前通过查询财产的登记可以知悉信托关系的存在及受托人的权限。如果受托人与第三人的交易超越了信托登记上载明的权限，则受益人有权撤销受托人与第三人之间的交易。

四、附件：信托文件

信托文件即记载当事人设立信托时的意思表示的文件，例如信托合同或信托遗嘱。在信托登记时，除了要将信托财产和信托法律关系加以记载以外，还需要将信托文件作为附件附录在后，以备利害关系人进行查询，知悉有关该信托的详细情况。这样可以避免信托登记较为简略而无法详细记录和公示信托法律关系的缺陷。在日本信托法上，作为附件的信托文件称为信托原簿，在我国台湾地区"信托法"上也称为信托专簿。在日本信托法上，申请信托登记时"必须附上记载信托目的等法定事项之书面。该书面即为信托原簿，视为登记簿的一部分"①。我国台湾地区"土地登记规则"第130条规定："信托登记，除应于登记簿所有权部或他项权利部登载外，并于其他登记事项栏记明信托财产、委托人姓名或名称，信托内容详信托专簿。前项其他登记事项栏记载事项，于办理受托人变更登记时，登记机关应予转载。"因此，其所言的信托专簿实质上也就是当事人之间的信托文件，"不过是将当事人的信托文件编号作为登记的附件，信托条款并非经审

---

① 日本三菱日联信托银行编著：《日本信托法制与实务》，台湾信托业商业同业公会审订，61页，台湾，台湾金融研训院，2009。

查整理后而登载，即未将信托文件整理，只供第三人查阅申请的资料文件而已，信托内容如有变更，当事人提出申请后，也是将信托内容变更文件一并放入原信托文件中"①。

信托文件作为附件保存在信托登记之中，主要是方便交易相对人知悉信托法律关系的详细情况，有利于其作出交易上的判断。由于将信托文件作为登记的附件将会导致信托文件的全盘公开，对此有些信托当事人不愿意将彼此之间的秘密约定的细节全部向外公开，因而实践中也有当事人仅提供一个简略的信托文件作为登记附件的，而真实的、详细的信托文件则仍在当事人之间保存。对于这种行为，法律难以也没有必要进行严格限制，只要信托登记在主体内容上完成了关于信托财产、当事人、信托目的、受托人权限诸事项的登记，即便当事人提供的信托文件比较简略，也不妨碍信托登记的完整性和真实性。

第二节　信托登记系统的电子化

一、信托登记系统电子化的必要性

在电子化时代的今天，财产权的登记应当实现电子化以便利利害关系人的查询，更好地实现权利的公示。我国政府也已经意识到登记系统电子化在信息时代的重要性，并开始加强此方面的建设，例如，国土资源部于 2007 年 12 月 30 日发布的《土地登记办法》第 71 条就规定："县级以上人民政府国土资源行政主管部门应当加强土地登记结果的信息系统和数据库建设，实现国家和地方土地登记结果的信息共享和异地查询。"由于信托财产具有独立性，应登记的信托财产在登记

---

① 谢哲胜：《信托法》，104 页，台湾，元照出版有限公司，2009。

之后便具有对抗第三人的效力，而信托法律关系本身又涉及三方当事人，因而实现信托登记系统的电子化，有利于维护各方当事人的利益。

第一，信托登记系统的电子化有利于当事人进行设立信托的登记。实现登记系统的电子化之后，当事人在设立信托时，可以通过网络将信托财产和信托法律关系的内容进行填写和登记，在信托的内容发生变更时可以通过网络申请进行登记内容的更改，减少了当事人的时间成本和亲自前往登记机关办理登记的交通费用。

第二，有利于减少登记机关的登记错误。实现信托登记系统的电子化之后，需要登记的基本信息都由当事人自行填写，登记机关可以通过审核并确认的形式进行保存，或者通过转载的形式加以保存，去掉了从当事人书面申请誊抄、撰写到登记簿上的环节，因此有利于减少登记机关发生错误或疏漏的几率，有利于维护登记的正确性和公信力。

第三，信托登记系统的电子化有利于交易相对人的查询。当事人以外的第三人在从事与信托财产有关的交易时，可以通过电子系统对该财产之上的法律关系进行查询，进而可以得知该财产为信托财产以及受托人对该财产的处分权限，还可以查阅当事人上传的信托文件，整个过程非常便利，可以通过网络而实现远程查询，这样就极大地实现了信托财产的公示。当第三人欲与受托人发生交易时，可以通过查询受托人名下的财产状况而得知其名下属于信托财产的比例，从而知悉受托人的自有财产状况，对其偿债能力作出真实的评价，并进而决定是否与其发生债权、债务关系。

第四，信托登记系统的电子化有利于强化信托财产的独立地位，维护受益人的利益。信托财产在受托人的经营管理过程中，必然会发生财产形式的变化，在实现登记系统的电子化之后，便利了受托人对信托财产的重大变化及时作出记录并变更登记的内容，从而明晰了其对信托财产的管理过程，避免了信托财产与其自有财产发生混同或抵销的可能性，确保了受益人的利益。

二、信托登记系统电子化的方式

目前我国财产权登记系统的电子化程度普遍不够高，大部分仅处于将登记簿的内容输入电脑、存储到电子媒介上的初级阶段。虽然我国近年来土地和房产登记部门一直强调要加强信息系统的建设，但就目前而言，其登记系统的电子化建设水平仍然较低，查询仍不够方便，"一些登记机关的物权登记信息仅停留在简单的电脑录入和单机存储，缺乏科学、合理的分类、索引以及联网共享，电子化信息更新速度慢；不同登记机关以及同一登记机关的不同地区分支机构之间，缺乏必要的信息交流和共享"[①]。由于我国应登记的财产归属于众多的登记机构进行登记，如果不同登记机关的登记系统不能实现有效沟通和连接的话，对于公众而言，要进行财产状况的查询仍然不够方便，因为不同的财产权利还需要通过不同的登记系统进行查询，而有些财产权的登记机构之间还存在分工不明或重叠的现象，这为财产的查询也带来了一定的障碍。

目前在登记系统的电子化建设上，中国人民银行征信中心为履行《物权法》第 228 条赋予其对应收账款质押的登记职责而建设的电子登记和查询系统即应收账款质押登记公示系统是较为先进的一个。该系统于 2007 年 10 月 1 日上线运行，是我国第一个基于现代动产担保登记理念建设的登记系统，该系统的经验可以为今后信托登记系统的电子化所借鉴。应收账款质押登记公示系统具有登记、查询和登记文件验证三大功能。该系统向社会公众开放，任何个人或机构都可以注册为系统的用户而进行登记和查询。当事人可以通过网络进行应收账款

---

　　① 汪其昌：《不动产信托登记问题研究》，载《信托周刊》，第 20 期，2009 - 08 -31。

的登记，将出质人、质权人、应收账款的状况、登记期限等信息进行登记，并将财产质押的协议进行扫描或照相之后，将其作为图片格式的附件上传，这样在登记信息之外，第三人还可以查阅到当事人之间的具体约定。同时在进行当事人或质押财产的变更时，当事人也随时可以登陆登记系统进行相关内容的修改。①

因此，在网络时代，信托登记系统的电子化也必须和互联网结合起来，使当事人的登记、变更和第三人的查询都能够通过网络来异地实现，这样才能够真正实现信托登记公示效果的最大化。当然，在电子化的登记系统下，登记机关如何进行信托财产和信托法律关系的审核以确保登记系统的公信力，将是随着实践的发展而不断需要探讨的问题。

第三节　信托登记机构的设置

一、我国财产权登记机构的现状

信托登记机构是对应登记的财产设立信托时的登记机构。如前所述，应登记的财产具有多样性，种类较多而且差异较大，从现实的角度考虑，很难由单一的登记机构对所有信托财产进行登记，而只能根据具体应登记信托财产的种类而由设置不同的信托登记机构。根据前述表4—1，目前我国依照法律、法规应登记的各类财产权的登记机关至少有11种，仅不动产权利便了涵盖四个行政部门，具体情况请见下表4—2：

_____

①　更为详细的介绍，请参见中国人民银行于2007年9月30日公布的《应收账款质押登记办法》和中国人民银行征信中心编写的《应收账款质押登记公示系统简介》及《应收账款质押登记公示系统操作手册》，网址：http：//ar. pbccrc. org. cn/include/about. jsp。

表 4—2　　　　　　　　　　　**应登记财产权的登记机关**

序号	登记机构	财产权名称	法律、法规依据
1	国土资源行政主管部门（国土资源局）	农民集体土地所有权、国有土地建设用地使用权、农民集体土地建设用地使用权、国有土地建设用地使用权抵押权、国有土地使用权、农村四荒土地承包经营权、探矿权、采矿权	《物权法》、《土地管理法》、《矿产资源法》
2	房地产行政主管部门（房管局）	房屋所有权、房地产抵押权、在建建筑物抵押权	《物权法》、《城市房地产管理法》
3	工商行政管理部门（工商局、商标局）	动产浮动抵押权、注册商标专用权、注册商标专用权质权	《物权法》、《商标法实施条例》
4	中国证券登记结算公司	基金份额质权、股权质权	《物权法》
5	中国人民银行征信中心	应收账款质权	《物权法》
6	国务院专利行政部门（国家知识产权局）	专利申请权、专利权、著作权质权	《物权法》、《专利法》
7	林业行政主管部门（林业局）	国家森林、林木和林地的使用权，集体森林、林木和林地的使用权、林木所有权	《森林法实施条例》
8	草原行政主管部门（草原局）	国有草原使用权、集体草原所有权	《草原法》
9	海事局	船舶所有权、船舶抵押权	《海商法》
10	国务院民用航空主管部门（民航总局）	民用航空器所有权、民用航空器抵押权、民用航空器优先权、民用航空器承租人的占有权	《民用航空法》
11	公安机关交通管理部门（公安交通管理局）	机动车所有权、机动车抵押权	《道路交通安全法》、《道路交通安全法实施条例》

资料来源：本研究自行整理。

二、关于信托登记机构设置的两种思路：统一或分散

关于信托登记机构的设置，国内理论界和实务界有两种不同的思路：一种思路可以称之为统一模式，即设置统一的信托登记机构；另

一种思路则为分散模式，即根据信托财产种类的不同而分别设置信托登记机构。

（一）统一信托登记机构的思路

设置信托登记机构的统一模式也称为理想模式，即主张我国应建立统一的信托登记机构，不再区分信托财产的不同而由一个登记机构进行登记。这种思路看到了我国目前各种财产权分散登记带来的重复登记、查询不易等弊端，认为建立一种统一的信托登记机构，可以克服目前登记状况的弊端，实现信托登记和查询的便利。这种观点得到了一些政府部门的支持，例如，中国银行业监督管理委员会于 2008 年 6 月 16 日印发的《信托登记管理办法（征求意见稿）》中就采取了此种思路，该意见稿的第 2 条为："在中华人民共和国境内申请办理信托登记，适用本办法。"第 4 条更是规定："信托登记采取全国集中统一的登记方式，由信托登记机构依法集中统一办理。"

（二）分别设置信托登记机构的思路

分别设置信托登记机构的思路即为分散模式，也称为现实模式，即在我国现有的财产权登记机构的基础上，增加其对各种财产权作为信托财产的登记职能即可，不必再重新建立一个新的统一的登记机构。按照此种思路，应当在目前我国的国土资源行政主管部门、房地产行政主管部门、工商行政管理部门、中国证券登记结算公司、中国人民银行征信中心、国务院专利行政部门、林业行政主管部门、草原行政主管部门、海事局、国务院民用航空主管部门、公安机关交通管理部门各自的财产权登记职责范围内，增设信托登记的职责，由此实现信托财产的登记。此种观点也开始得到一些政府部门的响应，例如，住房和城乡建设部正在起草《房地产信托登记暂行办法》，准备在房地产登记机构的工作范围内增设房地产作为信托财产的信托登记业务。

（三）两种思路的比较

应当说，统一登记和分散登记的不同模式各有利弊。统一登记机构的思路之优点是能够实现信托登记的集中化，并可以建立高效率的电子化登记系统，当事人在查询时极为便利，能够节省交易成本。但是，此种思路的弊端是难以克服目前财产权登记机构设置的现状限制，因为信托登记不能完全脱离权利本身的登记，如果重新设置一个统一的登记机构，则势必要求原有的财产权登记机构作出改变甚至撤销，如此则难度太大。而如果不改变财产权登记机构设置的现状，则新的统一登记机构难以有效利用原有登记机构的信息，如果一项财产设置信托，统一登记机构不能利用原有登记机构的信息的话，就必须重新建立有关财产权的资料库，如此则极大地增加了登记机构的运行成本，得不偿失。

而分散登记的优势在于实现起来较为容易，因为无须对现有登记机构作出重大调整，只需在已有登记机构的基础上增加有关信托登记的业务内容即可，操作起来难度不大，因此可以尽快实现信托登记制度的构建。但是此种思路的弊端在于没有对现有登记机构过于分散而导致分工不明、查询不易的状况作出改变，所以有可能仍会沿袭这些弊端。

相比较而言，笔者更赞同分散登记的模式，因为目前信托登记制度的缺失给实践带来了极大的不便，如果等待统一登记模式的实现，则势必耗费许多时日，导致信托实践的发展停滞不前，所以分散登记机构的思路是目前唯一可行的思路。进行分散登记可以分轻重缓急，逐步推进，即"信托业主管部门可以选择当前信托业界最迫切需要的一些财产登记，如土地登记、股权登记等，在国务院法制部门的协调下，与有关主管部门协商配合，积极推进，先制定出土地、股权等信托登记规则，以解信托经营机构的燃眉之急。"① 当然，为了避免目前

---

① 何宝玉：《信托登记：现实困境与理想选择》，载刘俊海主编：《中国资本市场法治评论》，第2卷，167～168页，北京，法律出版社，2009。

财产权登记状况中的弊端，在各个登记机构增设信托登记业务时，应当从两个方面着手作出改进：一是将各类信托财产的登记机构进行明确的划分，不再导致出现目前土地权利和房屋权利登记重复和交叉的情况；二是应当同步推进信托登记系统的电子化，实现各个登记机构的登记系统之间的资源共享和链接，从而解决公众查询难的问题。

三、信托登记机构的具体设置

根据前述表4—2，目前我国对于应登记财产权设置的11个登记机构，如果根据财产权利的属性进行划分，则可以将之分为不动产财产权、应登记动产财产权和知识产权三大类，因此可以根据这三类财产来分别设置其信托登记机构。

（一）不动产财产权信托的登记机构

不动产财产权是最为重要的信托财产种类之一，因为不动产不易损耗，可以服务于较长期限的信托目的，而且不动产的利用方式多种多样，增值、升值的空间大，容易实现财富的增长，所以历来是人们设立信托的优先选择。目前依照我国的法律和行政法规，需要登记的不动产财产权主要有农民集体土地所有权、国有土地建设用地使用权、农民集体土地建设用地使用权、国有土地建设用地使用权抵押权、国有土地使用权、农村四荒土地承包经营权、房屋所有权、房地产抵押权、在建建筑物抵押权，还有自然资源中的探矿权，采矿权，国家森林、林木和林地的使用权，集体森林、林木和林地的使用权、林木所有权，国有草原使用权，集体草原所有权等，这些都是不动产之上的财产权。由于我国行政部门的划分，对于这些不动产财产权利也划归不同的行政部门主管，因而相关的登记事项也分别由国土资源行政主管部门、房地产行政主管部门、林业行政主管部门和草原行政主管部门来负责。这些登记部门从中央到地方形成不同的层级，有利于国家对不动产资源的管理和掌握。而且各个登记部门具体到不动产所在地的县一级的行政机关，有利于登记机构了解不动产权利的真实情况，进行实质审查。

在以不动产财产权作为信托财产进行登记时，其登记机构应当同属于对这些财产权进行其他权利变动登记的机构，即在国土资源行政主管部门、房地产行政主管部门、林业行政主管部门和草原行政主管部门的登记职责上增加各自所负责的不动产财产权的信托登记业务。我国台湾地区在 2001 年 9 月 14 日修订了"土地登记规则"，增加了"土地权利信托登记"专章作为第 9 章，该法第 124 条规定："本规则所称土地权利信托登记（以下简称信托登记），系指土地权利依信托法办理信托而为变更之登记。"同样，我们可以在目前不动产财产权登记机构的职责范围上增设信托登记一项，将信托登记纳入已有登记系统之内，依托已有的不动产权利资料储存而尽快实现不动产权利的信托登记。例如，国土资源局负责建设用地使用权的登记事项，那么当事人以建设用地使用权作为信托财产设立信托时，也应当到国土资源局办理信托登记，由国土资源局进行审核并为受托人颁发信托财产权属证书。

需要说明的是，虽然我国《物权法》第 10 条第 2 款宣布："国家对不动产实行统一登记制度。统一登记的范围、登记机构和登记办法，由法律、行政法规规定。"但自该法 2007 年 10 月 1 日开始施行到现在，被人们寄予厚望的不动产统一登记登记制度仍然未能建立起来，甚至连相关统一登记办法的草案都未向社会公布，因此，如果要在不动产统一登记的目标实现之前建构信托登记制度的话，其现实的途径是在目前仍然分散的不动产登记机构之上增设信托登记的业务。当然，如果我国能够尽快实现不动产的统一登记，则不动产财产权的信托登记只需依托新的统一登记机构即可实现。

（二）应登记动产财产权的登记机构

目前，我国应登记的动产财产权主要集中在船舶、航空器和机动车辆这些价值较大且耐用的动产之上，例如船舶所有权、船舶抵押权、民用航空器所有权、民用航空器抵押权、民用航空器优先权、民用航空器承租人的占有权、机动车所有权、机动车抵押权等。船舶、机动车辆等交通工具不仅是人们生活中的重要财产、能够为人们的生活提供极大的便利，而且在一定情况下还涉及国家利益，例如船舶、航空器可以在世界范围内进行航行，涉及国家的领土主权、关税、卫生等国家利益，而且在紧急时期国家还可能对这些交通工具进行管制或征收、征用，因此需要对这些动产加强管理、以登记作为权利变动的公示方法。目前这些交通工具的登记机构主要是海事局、国务院民用航空主管部门和公安机关交通管理部门。那么对于以这些动产财产权设立信托的，为了实现登记的便利，可以在这些部门的登记机构里面增设交通工具的信托登记一项，如此则不影响国家对这些动产的管理秩序。

（三）知识产权信托的登记机构

知识产权既包括人身性的权利，如著作权中的署名权、修改权等，也包括了财产性的权利，如著作权中的邻接权、商标专用权等。人身性的知识产权并不能被转让，不具有流通性，因此其不能作为信托财产设立信托。但是财产性的知识产权则可以与知识产权人本人分开，可以授权他人使用，其具有流通性，并可以获取经济利益，因此完全可以作为信托财产设立信托。目前我国法律和行政法规规定应登记的知识产权包括专利申请权、专利权、著作权质权、注册商标专用权、注册商标专用权质权等，这些财产权利的登记机构分散在不同的主管部门之中，例如有关专利权的登记事项，由国务院专利行政部门即国家知识产权局负责登记；而有关著作权和商标权利的登记事项，则由工商行政管理部门即工商局和其所属的商标局负责办理。

依照现实主义的模式，对于著作权中的财产权、商标权之上设立信托的，应当仍由工商行政管理部门负责办理相关的信托登记，进行审核并颁发证书。对于以专利权利作为信托财产设立信托的，则仍应由国务院专利行政部门负责办理信托登记，如此则符合社会公众的已有认识，便于人们查询。

第四节　信托登记机构登记错误的赔偿责任

一、信托登记机构登记错误对当事人的影响

信托登记机构在进行登记时，属于行政权力的行使，对于当事人的利益影响甚大。因此，如果因为登记机构的登记错误而给当事人或第三人造成损害，则信托登记机构应当承担赔偿责任。即，"倘有因登记错误、遗漏或虚伪，致真实权利人蒙受损害者，并须确定其责任，而予受害人以赔偿，以填补其损失，亦即所谓损害赔偿是"①。

信托作为财产权利变动原因的一种，在进行信托登记之后，受托人将被记载于信托财产的所有人一栏，而委托人就此失去对信托财产的所有权，第三人在从事有关信托财产的交易时，根据信托登记的内容认定受托人为财产的权利人，并根据其已登记的权限判断受托人在将要进行的交易中是否属于有权处分，因此，信托登记的内容将直接影响到交易第三人的判断。如果登记的内容错误或者出现疏漏或者虚假的情形，则第三人根据登记的公信力可以认定登记的内容对其具有确定的效力，此时信托受益人将无法撤销受托人超越权限的交易，从而失去信托财产并导致信托目的无法实现、受益人利益受损。因此，信托登记的内容正确与否，对于当事人利益影响甚大，也决定着信托目的是否能够实现。

----

① 李鸿毅：《土地法论》（修订18版），268页，台湾，三民书局总经销，1993年作者自版。

二、信托登记机构登记错误赔偿责任的性质

信托登记机构登记错误的赔偿责任在性质上属于国家赔偿责任，虽然信托关系中受托人和委托人申请信托登记的行为属于民事法律行为，但是由于登记机关要对登记事项进行审核并决定是否予以登记，登记机关的行为基于其行政机关的地位而作出，是国家机关公权力的行使，是一种行政行为。这种行政行为作用于信托法律关系之上并产生相应的法律后果，因此，在出现登记错误时就应当承担赔偿责任，此种赔偿属于国家赔偿的一种。

我国 2010 年修订的《国家赔偿法》第 2 条规定："国家机关和国家机关工作人员行使职权，有本法规定的侵犯公民、法人和其他组织合法权益的情形，造成损害的，受害人有依照本法取得国家赔偿的权利。本法规定的赔偿义务机关，应当依照本法及时履行赔偿义务。"国家赔偿责任在性质上属于侵权责任，国家赔偿法律属于民法中有关侵权责任规定的特别法。《民法通则》第 121 条规定："国家机关或者国家机关工作人员在执行职务中，侵犯公民、法人的合法权益造成损害的，应当承担民事责任。"而侵权法正是保护自然人和法人的人身权和财产权不受他人非法侵犯的法律规范。"侵权行为的本质在于不法侵害他人权益，至于行为人是私人还是国家机关，行为发生在交易过程还是在执行职务过程，均非所问。换言之，无论是私人行为、行政行为还是司法行为，只要其符合侵权行为的法律构成，就会引发侵权损害赔偿责任。"[1]

《国家赔偿法》第 4 条规定："行政机关及其工作人员在行使行政职权时有下列侵犯财产权情形之一的，受害人有取得赔偿的权利……

---

[1] 常鹏翱：《不动产登记法》，247～248 页，北京，社会科学文献出版社，2011。

（四）造成财产损害的其他违法行为。"由此可知，如果因为信托登记机关的错误，而造成登记信息的错误，进而造成权利人财产权益的损害，则属于行政机关及其工作人员行使职权造成受害人财产损害的违法行为。因此，信托登记机构登记错误的赔偿属于行政机关应当赔偿的范围之内。

在信托登记机构登记错误的国家赔偿中，赔偿金的来源为政府的财政收入。《国家赔偿法》第 37 条规定："赔偿费用列入各级财政预算。"因此，无论何种国家赔偿责任，最终都是由各级政府从其财政收入中拨付经费来支付赔偿金。既然是财政收入来承担赔偿责任，那就意味着由所有纳税人共同承担赔偿责任，因为财政收入由纳税人所纳税款构成，而财政收入一旦支付在国家赔偿之上，就意味着减少了可以用于其他公共物品提供的经费。对此也有学者认为，登记机构登记错误之后的赔偿责任由国家财政收入来支付的方式，对其他纳税人并不公平，因为"房屋登记申请人为了维护自己房产上的财产利益而申请办理房屋登记，但对于登记中产生的赔偿责任却需要全体纳税人承担，换句话说，从来没有申请办理房产登记的纳税人也要为房屋登记错误埋单，这有失公平"[①]。

对此，有不少学者建议登记机构设立一笔登记赔偿基金。例如，我国台湾地区"土地法"第 70 条关于"登记储金之来源及用途"就规定："地政机关所收登记费，应提存百分之十作为登记储金，专备第六十八条所定赔偿之用。地政机关所负之损害赔偿，如因登记人员之重大过失所致者，由该人员偿还，拨归登记储金。"虽然乐观者认为，"赔偿基金不仅为受害人提供了稳定的赔偿资金来源，也避免了登记工作人员面临巨额追偿所可能遇到的经济困境，这种制度设计相对更为

---

① 于海涌：《论实质审查与登记机关谨慎义务的边界——以〈房屋登记办法〉为中心》，载《暨南学报（哲学社会科学版）》，2009（1），第 10 页。

公平合理"①,但是,笔者认为,从登记收费中提取一部分作为登记赔偿基金的做法固然有益,但并不能完全解决赔偿金的问题。因为目前我国各种财产的登记机构,在收取登记费用之后,同样要上缴国家财政,该笔收入同样构成财政收入的一部分,与提取部分登记费用设立赔偿基金并无本质区别。而且,登记收费毕竟不可能太高,提取其中的一部分(如百分之十)设立赔偿基金,在面对数次登记错误之后的赔偿责任时,也未必能够充分赔偿受害人的损失。面对这一问题,还有学者大胆建议:"为了保证该基金数额的充足,分散登记机关赔偿责任的风险,减轻其无过错赔偿责任的负担,登记机关可以向相应的保险机构投保责任险。"②但可惜目前我国保险行业并没有针对登记机构的登记责任而开设的责任险,因此这一建议在现实中难以实现。应当说,登记机构赔偿责任的承担、权利人因登记错误而遭受损失的赔偿,并非信托登记这一种登记所需要面对的难题,而是所有类型的登记都共同面对的难题。而这一难题的破题解题,需要相应的立法规定、政府政策和市场力量的综合协调与协助,才能得到妥善的解决。

此外,在信托登记机构登记错误的赔偿范围上,《国家赔偿法》第36条第8项规定:"对财产权造成其他损害的,按照直接损失给予赔偿。"因此,登记机构只赔偿权利人因为登记错误而遭受的直接损失,即因登记错误而失去的财产权的损失,而不包括其他预期利益的损失。

三、信托登记机构承担登记错误赔偿责任的要件

信托登记决定着信托财产从委托人名下向受托人名下的权利变动以及信托法律关系的对外公示,根据我国《信托法》的规定,登记与

---

① 于海涌:《论实质审查与登记机关谨慎义务的边界——以〈房屋登记办法〉为中心》,载《暨南学报(哲学社会科学版)》,2009(1)。

② 李昊、常鹏翱、叶金强、高润恒:《不动产登记程序的制度构建》,424页,北京,北京大学出版社,2005。

否决定着信托的生效与否，因此登记机构的登记行为对于信托当事人的影响甚大。此外，登记机构在进行登记时，还要收取当事人一定的登记费用。因此，为了维护权利、义务的对等和平衡，信托登记机构在登记错误时应当承担损害赔偿责任。根据我国《国家赔偿法》第 4 条的规定，如果行政机关及其工作人员在行使行政职权时有造成他人财产损害的违法行为时，受害人有取得赔偿的权利。虽然我国现在尚未建立起较为完善的信托登记制度，因此也缺乏信托登记机构登记错误的赔偿责任规定，但是可以参照我国《物权法》关于不动产登记机构登记错误的规定来构建信托登记机构登记错误赔偿责任的构成要件。《物权法》第 21 条规定："当事人提供虚假材料申请登记，给他人造成损害的，应当承担赔偿责任。因登记错误，给他人造成损害的，登记机构应当承担赔偿责任。登记机构赔偿后，可以向造成登记错误的人追偿。"结合权利公示制度的相关理论，信托登记机构承担登记错误赔偿责任应包括如下几方面的构成要件。

（一）信托登记机构作出了错误的登记行为

信托登记机构作出错误的登记行为主要包括三类行为：第一，登记内容记载错误。即当事人提供了正确的登记材料，如正确的身份信息、真实的产权证明、有效的信托文件等，但是由于登记机构工作人员的失误而进行了错误的记载，例如将受托人的姓名写错而与他人混淆、将信托财产记载成与其相邻的他人财产等等。当登记的内容记载错误时，第三人无法得知真实的情况，只能根据记载的内容与登记财产权利人进行交易，如果他人利用了登记错误而与第三人达成交易时，信托受益人将无法行使撤销权，第三人根据对登记的公信力而有权保持交易的效力。第二，登记内容出现疏漏。即信托登记机构的工作人员在进行登记时，虽然没有发生登记内容记载上的错误，但是由于失误而忽略了或者漏写了重要的信息，例如当事人对于受托人的权限有着特别的约定并提交了相应的信托文件，但是登记机构的工作人员却因疏忽大意而忘记记载这一约定。交易第三人在与受托人交易时，通过查阅信托财产的登记状况也无法知晓受托人的权利受限的情况，因此在受托人超越权限对信托财产作出处分时，第三人根据登记的公信力得以取得信托财产的权利，信托受益人的利益就受到侵害。第三，作出虚假的登记。即登记机构的工作人员在不存在信托法律关系的情况下，编造信托登记的内容，作出虚假的登记，从而导致他人财产权利的移转。虚假登记的作出一般是登记机构工作人员与他人串通勾结而进行的，目的是非法处分他人的财产，或者是以虚假的过户而逃避国家的税收。此种虚假登记行为对于受害人和国家均存在极大的危害。

（二）信托登记机构的错误登记行为造成了他人的损害

信托登记机构登记错误赔偿责任制度之设，其目的在于赔偿受害人的损失。因此，信托登记机构的登记错误只有在实际造成了他人的损害时，才需要登记机构承担赔偿责任。否则，仅是存在登记错误的事实，但是尚未给任何人造成实际的损害，则当事人可以通过更正登记的方式要求信托登记机构更正错误的登记来维护自己的权利。信托登记将造成信托财产权利从委托人向受托人的移转，由此受托人成为信托财产的名义所有权人，当发生有关信托财产的交易时，如果登记机构的登记有误，第三人对此无法知情，受托人超越权限从事了有违信托目的的处分行为时，必将导致信托财产被非法处分、受益人权利受到侵害。受益人受益权的丧失是真实的损害，此时受益人便可以向信托登记机构主张损害赔偿。

（三）损害与错误登记行为之间存在因果关系

因果关系的存在是确定登记机构承担赔偿责任的基础，如果登记机构存在着登记错误的情况，但他人的损害并非因此而发生，则登记机构无须承担他人的损害，而仅应尽快进行更正登记，避免因登记错误而引发损害的发生。例如，登记机构对于受托人的权限登记有疏漏，未能将委托人对受托人权限范围的限制进行记载，第三人在查阅登记之后与受托人发生交易，并受到损害，但事后查明该第三人的损害是因为受托人故意违约而导致了第三人利益受损，并非因为关于其权限范围的登记疏漏所致。此时第三人就不能主张登记机构承担其交易中的损失。

（四）损害不是因为受害人自身的原因而发生

如果登记机构登记错误造成了他人的损害，但经查明损害的发生是因为受害人自身的原因所造成，则此时登记机构无须承担赔偿责任，而应当由受害人承受自己给自己所造成的损害。例如，我国台湾地区"土地法"第 68 条关于地政机关的损害赔偿责任就规定："因登记错误遗漏或虚伪致受损害者，由该地政机关负损害赔偿责任。但该地政机关证明其原因应归责于受害人时，不在此限。"例如，在自益信托中，委托人和受托人在办理信托登记时，将受托人的权限记载错误，委托人在办理完毕之后立即意识到此种错误的存在并告知登记机构自己将尽快去进行更正，但是经登记机构催促之后，委托人却因事务繁忙而迟延办理更正，如果在此期间受托人根据记载错误的权限而对信托财产作出处分，则委托人不能主张登记机构赔偿其损失，因为此种登记错误并非登记机构有意为之，而是出于委托人自身的原因造成，其只能向受托人主张违反信托合同的责任，而不能主张登记机构承担登记错误的赔偿责任。

四、信托登记机构承担登记错误赔偿责任之后的追偿

我国《物权法》第 21 条规定：当事人提供虚假材料申请登记，给他人造成损害的，应当承担赔偿责任。因登记错误，给他人造成损害的，登记机构应当承担赔偿责任。登记机构赔偿后，可以向造成登记错误的人追偿。《国家赔偿法》第 16 条规定：赔偿义务机关赔偿损失后，应当责令有故意或者重大过失的工作人员或者受委托的组织或者个人承担部分或者全部赔偿费用。对有故意或者重大过失的责任人员，

有关机关应当依法给予处分；构成犯罪的，应当依法追究刑事责任。可见，在登记机构向受害人进行赔偿之后，其有权向应当承担责任的具体行为人追偿赔偿费用。

由于我国对于权利的变动登记采取了较为严格的审查模式，此种审查模式究竟是实质审核主义还是形式审核为主、实质审核为辅在学理上尚存在争议，因为《物权法》并未作出明确的规定，但既然《物权法》要求登记机构在办理物权变动时应仔细核查当事人提供的权属证明和其他必要材料，甚至在必要时应实地查看，因此可知登记机构的审核义务较重，审核应当比较严格，"登记机构应当根据自己的能力尽可能地尽到审慎的审查职责"①。同其道理，信托登记机构在办理登记时，也应当对当事人提供的材料进行严格的审核，所以不能轻易以当事人提供虚假材料为由而要求受害人直接向登记申请人提出赔偿请求。登记机构应当对自己的审核行为承担责任，如果当事人提供了虚假的材料，则登记机构应当查明并拒绝办理登记。所以即便是因为当事人提供虚假的申请材料而导致信托登记机构登记错误，也应当由登记机构首先对他人承担登记错误的赔偿责任。在承担责任之后，登记机构才可以向提供虚假申请材料的申请人主张追偿，如此才能够维持登记机构的公信力。当申请人提供虚假材料的行为较为严重时有可能还需要承担行政处罚责任甚至刑事责任。

另外，当登记错误是由于登记机构的工作人员造成时，登记机构对受害人进行赔偿之后，对内向发生错误的工作人员进行追偿。是否进行追偿，以及追偿份额的大小，应当根据登记机构工作人员的过错程度来决定，"惟若不分过失轻重，概可求偿，将使登记人员遇事推拖，不敢勇于任事；如一概不予求偿，则将不足以督促登记人员善尽

---

① 住房和城乡建设部政策法规司、住宅与房地产业司、村镇建设办公室主编：《房屋登记办法释义》，75页，北京，人民出版社，2008。

职守，甚或易启登记人员违法滥权之心，均非人民之福"①。因此，较为合理的做法是，当登记错误是由于登记机构工作人员的故意或重大过失而导致时，登记机构才有权向其进行追偿；当登记错误是由于登记机构工作人员的轻微过失而造成时，登记机构则不应再提出追偿要求。

---

① 温丰文：《土地法》（修订六版），160～161页，台湾，三民书局总经销，1995年作者自版。

第五章 登记申请与登记审查的运作

第一节 信托登记的申请

一、信托登记的申请人

我国《信托法》第 10 条只规定以应登记的财产设立信托时应当依法办理信托登记，并未规定信托登记申请应由何人提起。就一般权利变动的登记而言，关于申请人有单方申请主义和双方申请主义之分，前者是指申请程序可以由当事人一方启动进行，后者是指申请程序必须由当事人双方共同启动进行。由于信托的类型众多，各具特色，所以难以一概而论。例如，美国信托法重述就规定了信托的众多创设方式：

"除（第 69 条）合并原则的限制以外，信托得通过下列方式创设：
（a）财产所有人通过遗嘱将财产移转给某人，使该人成为唯一受托人
或受托人之一；或（b）财产所有人明示将财产移转给某人，使该人成
为唯一受托人或受托人之一；或（c）财产所有人宣布自己为受托人，
为他人利益而管领原本属于其所有的特定财产；或（d）享有指定权的
人指定他人为了某人或某些人的利益而成为特定财产的受托人；或
（e）权利人通过允诺或受益人指定而产生某种可执行的权利，并使现
在或将要取得此种权利的人为他人利益而成为受托人，或者使依据此
种权利会在事后取得财产的人为他人利益而成为受托人。"①

仅就最为常见的合同信托和遗嘱信托而言，两者登记的申请人就
各不相同。所以信托登记的申请究竟是单方申请主义还是双方申请主
义，要根据具体的信托类型才能确定。

在合同信托中，信托基于委托人和受托人之间的约定而产生。信
托合同是一种要物合同，委托人作为财产的所有权人，需要将信托财
产移转或设定给受托人才能使信托成立。因此，在合同信托中，信托
登记应当由委托人和受托人双方共同启动进行，属于双方申请主义。
例如我国台湾地区"土地登记规则"第 9 章"土地权利信托登记"中，
就明确规定："信托以契约为之者，信托登记应由委托人与受托人会同
申请之。"同样，日本的《不动产登记法》第 97 条也规定，如果是以
不动产所有权作为信托财产设立信托的，则"以受托人为登记权利人，
以委托人为登记义务人，设定信托同时，应以相同的书面申请所有权
移转登记予受托人及信托之登记，不得只申请信托登记，而与所有权

---

① The American Law Institute, *Restatement of the Law*, *Third*, *Trusts*, Volume 1, Chapter 3, §10.

移转登记分开申请。"①

　　遗嘱信托是一种历史悠久的民事信托。在遗嘱信托中，委托人便是遗嘱人，其以遗嘱的形式将自己的全部或部分财产设立信托，使受托人为了受益人的利益而管理和处分信托财产。在继承人是未成年人时，设立遗嘱信托可以确保遗产得到有效的管理和运用，不至于因继承人的年幼无知而造成浪费或挥霍。委托人通过遗嘱的形式作出设立信托的意思表示，受托人应当对此作出接受与否的意思表示，如果其承诺出任受托人，则在委托人死亡后遗嘱便开始生效，信托正式成立，此即我国《信托法》第8条第3款所规定的"采取其他书面形式设立信托的，受托人承诺信托时，信托成立"。遗嘱信托成立之后，由于遗产尚未分割，所以无法立即完成财产的移转或设定，只有等遗产办理继承登记之后，才能办理遗产的信托登记，即"遗嘱若有指定遗嘱执行人时，应先办理遗嘱执行人与继承登记后，由遗嘱执行人会同受托人申请信托登记；若无遗嘱执行人时，则应由继承人办理继承登记后，会同受托人申请登记"②。因此，在办理遗嘱信托登记时，由于委托人已经死亡，一般是由遗嘱执行人和受托人一起启动登记的申请，此时如果从信托当事人来看，信托登记的启动只有受托人一方参与，因此可以将遗嘱信托的启动视为单方申请主义。

　　此外，较为特殊的是宣言信托的类型，在宣言信托中，委托人对外宣布为了特定目的或受益人的利益而设立信托并由自己担任受托人，因此，委托人与受托人的身份发生重合，信托财产也无须在两个主体之间进行移转。设立宣言信托因其法律关系较为简单，而且设立简易，可以节省交易成本，但是，"若委托人言而无信，则信托财产仍在委托

――――――――――――

　　① 日本三菱日联信托银行编著：《日本信托法制与实务》，台湾信托业商业同业公会审订，61页，台湾，台湾金融研训院，2009。

　　② 林炫秋：《论遗嘱信托之成立与生效》，载《兴大法学》，第2期（2007年11月），78页。

人掌握之中，得以为所欲为，名为受益人之利益，实则谋本身之私利，事权未分，流弊滋多，虽百宣示，而与不宣示等，此则不可不预防也"①。因此宣言信托成立之后，也必须办理信托财产的登记，才能确保信托财产的独立性和受益人的利益。在办理宣言信托的财产登记时，委托人与受托人的身份重合，而且无须移转财产，只需在其自有财产中将设立信托的财产部分进行登记，标明其为信托财产，并载明信托目的、信托法律关系等事项，即可完成信托登记。对于此种信托，同样难谓其属于单方申请主义抑或双方申请主义。

二、信托登记申请应提供的材料

由于我国《信托法》并未规定具体的信托登记制度，立法机关也未进行此方面的立法，以至于我国信托登记制度迟迟未能建立起来，因而对于信托登记申请人应提供的材料也缺乏明确的规定。根据国土资源部 2007 年 12 月 30 日发布的《土地登记办法》、原建设部 2008 年 2 月 15 日发布的《房屋登记办法》以及基层房屋登记机构②所列举的申请登记材料目录，可知我国目前不动产权利变动登记申请应提交的材料具体如下：

参照目前我国不动产权利登记所需提交的申请材料（见表 5—1），并结合信托制度自身的法律构造，当事人在申请信托登记时，一般应提交这些申请材料：委托人的身份信息、受托人的身份信息、受益人的身份信息或范围、信托监察人的身份信息（在公益信托中）、信托财产的权属证书、信托目的、委托人及受托人之间的信托合同或信托遗嘱及承诺、信托期间、信托关系消灭事由、信托财产的管理处分方式、信托关系消灭时信托财产的归属、信托成立的时间。

---

① 朱斯煌：《信托总论》，36 页，上海，中华书局有限公司，1941。

② 此处以北京市崇文区房屋管理局公布的申请登记材料目录为范本，网址：http：//fgj．cwi．gov．cn/sub/newsMore．action？subjectid=1538。

表 5—1　　　　　　　　　　　**不动产权利登记申请应提供的材料**

	土地权利登记	房屋交易登记	房屋继承、遗赠登记
应提交的申请材料	1. 土地登记申请书； 2. 申请人身份证明材料； 3. 土地权属来源证明； 4. 地籍调查表、宗地图及宗地界址坐标； 5. 地上附着物权属证明； 6. 法律、法规规定的完税或者减免税凭证； 7. 其他证明材料。	1. 登记申请书； 2. 当事人身份证明； 3. 原房屋所有权证（原件）； 4. 房屋买卖合同（原件）； 5. 契税完税或减免税凭证； 6. 原房屋所有权证所附房屋登记表、房产（分户）平面图二份（房屋所有权证人栏空白）； 7. 国有土地使用证（整宗房地产或已发土地证的房屋）； 8. 划拨土地转让批准文件（整宗划拨土地）； 9. 其他证明材料。	1. 登记申请书； 2. 当事人身份证明； 3. 原房屋所有权证（原件）； 4. 继承权公证书或接受遗赠公证书或法院判决书（原件）； 5. 房屋登记表、房产（分户）平面图（原件）各两份； 6. 契税完税或减免税凭证（遗赠）。

资料来源：本研究自行整理。

第二节　信托登记的审查

一、信托登记的审查标准概述

　　当事人在设立信托时，如果在信托登记机构办理登记，则信托登记机构应当对当事人的申请进行审查，因为一旦办理登记，该信托法律关系就取得对抗第三人的效力，所以，信托登记机构在进行登记之前应当对当事人的申请进行审查。根据登记机构审查的范围不同，信托登记的审查可以分为形式审查和实质审查两类。

　　形式审查是指信托登记机构仅对当事人所提交的登记申请进行审查，而不审查当事人之间关于权利变动的基础法律行为。如果登记机构认为当事人所提交的申请文件在形式上真实、有效，就同意办理信托登记。例如，信托登记机构经过审查，认为当事人所提交的财产权属证明真实有效，信托合同的内容完整，信托目的合法等等，便予以办理信托登记。

实质审查是指登记机构不仅审查当事人的登记申请，而且要审查当事人之间权利变动的基础法律行为，例如设立信托的意思表示是否真实、信托财产是否准确存在、财产范围和性质的描述是否与事实相符、申请人主体身份是否适格等等。实质审查往往需要登记机构实地勘察信托财产的客观状况，并要求当事人提交更多的证明材料以证明其基础法律关系真实存在、意思表示真实等等。

二、我国目前关于不动产登记的审查标准

从目前我国有关不动产权利变动的法律法规的内容上看，我国对于登记审查的标准采取了一种复杂的态度：主要审查申请材料，但也可能探究当事人的基础法律关系和真意。即采取了形式审查为主、实质审查为辅的立法态度。

我国《物权法》虽然在基本民事法律层面首次系统规定了不动产的登记事项，但并未明确规定其究竟对不动产物权变动登记采取何种审查标准，只是在该法第12条规定："登记机构应当履行下列职责：（一）查验申请人提供的权属证明和其他必要材料；（二）就有关登记事项询问申请人；（三）如实、及时登记有关事项；（四）法律、行政法规规定的其他职责。申请登记的不动产的有关情况需要进一步证明的，登记机构可以要求申请人补充材料，必要时可以实地查看。"根据该条规定，有学者认为其实质上采取的是两者结合的审查标准，即"以形式审查作为原则、以实质审查作为辅助"[①]。

在其他有关不动产登记的行政法规中，同样采取了形式审查与实

---

①　孙宪忠：《中国物权法总论》，2版，336页，北京，法律出版社，2009。

质审查相混合的标准。例如，我国《土地登记办法》第 13 条规定：国土资源行政主管部门受理土地登记申请后，认为必要的，可以就有关登记事项向申请人询问，也可以对申请登记的土地进行实地查看。《房屋登记办法》同样规定了实地查看的内容，而且在第 18 条规定：房屋登记机构应当查验申请登记材料，并根据不同登记申请就申请登记事项是否是申请人的真实意思表示、申请登记房屋是否为共有房屋、房屋登记簿记载的权利人是否同意更正，以及申请登记材料中需进一步明确的其他有关事项询问申请人。询问结果应当经申请人签字确认，并归档保留。房屋登记机构认为申请登记房屋的有关情况需要进一步证明的，可以要求申请人补充材料。

三、我国信托登记应采形式审查标准

在赋予登记以公信力的模式下，登记机构不能只是消极地记载当事人的申请事项，而必须查验当事人所提交各种材料的真伪，以确保登记事项的真实性，否则难以维护登记机构的公信力。因此，我国目前关于不动产权利的变动需要审核的材料范围较广，而且审核较为严格，应当说是一种实质主义的作业态度。对于信托登记而言，其同样具有公信力，因此登记机构应当在可能的范围内保证登记事项的真实性。尤其是我国《信托法》对于信托采取了登记生效主义的模式，信托登记对于当事人的影响极大，所以必须慎重对待，严加审核。

对于信托登记的审核，登记机关除了应当审核当事人所提交的权属证书是否真实、各方当事人的身份信息是否属实、委托人对于信托财产是否享有处分权利、当事人是否具有与其所从事行为相应的行为能力以外，还必须审核信托设立的目的是否符合法律的规定。根据我国《信托法》第 11 条的规定，信托的目的不得违反法律、行政法规或者损害社会公共利益，也不得设立专以诉讼或者讨债为目的的信托。因此登记机构必须对设立信托的目的严加审核，对于目的不合法的信

托则不允许其登记。

但是，从现实的角度来讲，要求登记机构真正做到对登记事项的实质审查其实是无法实现的，因为登记机构不可能保证信托财产的真实状况与登记的状况完全无异，也难以得知当事人设立信托的真实意图，甚至当事人可以对相关记载事项作出虚假的意思表示，登记机构则无法查实当事人的真实意思表示。"不动产物权登记制度采取实质审查对于行政机关来说，将是不堪重负的，是违背现代行政的专业化趋势和行政效率追求的。"① 所以在某种意义上讲，实质审查其实是不可能实现的。实质审查在信托登记上的意义就在于登记机构为了维护登记的公信力而积极审查当事人所提交的登记申请，并查看权属证书以及设立信托的基础法律关系等，尽量筛选排除不合法的信托。

第三节　信托登记查询程序的构建

一、信托登记查询的主体

在信托登记做成之后，登记的内容便向社会大众进行公示，供不特定第三人查询，以彰显信托财产之上的法律关系，维护交易安全和信托受益人的权利。无论信托登记的效力是登记生效还是登记对抗，一旦进行登记，就完成了权利的公示，此种公示因登记机构的公权机构地位而具有公信力，登记的内容成为可以信赖的对象。

（一）信托登记原簿查询的主体：不特定第三人

如前文所述，信托登记除了登记簿上记载的内容之外，还包括附

---

① 张步峰、熊文钊：《行政法视野下的不动产物权登记行为》，载《行政法学研究》，2009（1），40 页。

件，在日本和我国台湾地区，也将前者称为信托原簿，将后者则称为信托专簿。信托登记原簿是信托登记的主体，是有关信托财产和信托当事人及信托目的、受托人权限等重要事项的记载。对于这些基本信息，登记机构应当供社会不特定第三人公开查询，而不应设置过多限制。目前我国在土地权利登记上已经实现了登记基本信息的公开查询，根据国土资源部 2002 年 12 月 4 日发布的《土地登记资料公开查询办法》第 2 条的规定，任何单位和个人都可以依法查询包括土地登记卡和宗地图在内的土地登记结果。

（二）信托登记附件查询的主体：利害关系人

信托登记机构在进行登记时，除了记载登记基本信息以外，还需要将当事人所提供的信托文件作为附件与信托登记原簿一起保存。此种信托登记的附件一般是当事人设立信托的书面合同，或者是遗嘱人设立信托的遗嘱书。信托文件是当事人设立信托的意思表示，其内容一般要比登记原簿更为详细，因此，当不特定第三人因与受托人发生有关信托财产的交易时，便成为利害关系人，此时如果其需要了解当事人信托法律关系的详细情况时，便需要查阅信托文件。由于信托文件是当事人设立信托的意思表示，属于当事人之间的私人约定，为了保护当事人的隐私权，登记机构不应将信托文件完全公开，社会公众通过查阅信托登记原簿便可以知悉信托财产之上的基本信托法律关系，也没有必要了解有关信托的详细情况。只有委托人的债权人、受托人的债权人、受益人的债权人等利害关系人或者作为交易相对人的第三人才有权申请查阅信托文件，以深入了解信托的内容，判断委托人是否存在逃避债务情形、受托人的责任财产状况、受益人的受益权状况等。因此，当查询申请人要求查询信托登记的附件时，需要向登记机构证明其与信托当事人存在法律上的利害关系，否则登记机构得以拒绝此种请求。

二、纸质信托登记簿查询的标准：信托财产

在担保物权的查询上，存在着债务人和担保物两种查询的标准。就信托登记而言，虽然其登记的客体既包括信托财产又包括信托法律关系，但在查询时究竟是以信托财产为标准来进行查询，还是以信托当事人为标准进行查询，则要结合信托登记簿的介质来判断。如果信托登记簿的介质是纸质，则只能通过信托财产来查询信托登记。纸质的登记簿决定了其只能围绕应登记财产来进行登记，因为应登记的财产一般是不动产权利或特殊的动产及知识产权，这些财产或者地理较为固定，或者容易进行编号检索，因此登记的成本较低。纸质登记簿难以承载过大的信息量，因此势必只能以信托财产为中心进行登记，所以在查询时，也只能以信托财产为标准来进行查询。例如，在信托登记机构备置纸质信托登记簿的条件下，查询人可以填写查询申请书，写明欲查询的财产，如位于某处的不动产，然后由登记机构检索并提供给查询人该处不动产之上的信托法律关系。

三、电子化信托登记簿查询的标准：信托财产和信托当事人双重标准

电子化信托登记簿具有信息量大、登记方便、查询便捷、容易保管等优势，因此我国各财产权登记机构无不致力于推进其登记系统的电子化。例如，国土资源部 2007 年 12 月 30 日发布的《土地登记办法》第 71 条规定："县级以上人民政府国土资源行政主管部门应当加强土地登记结果的信息系统和数据库建设，实现国家和地方土地登记结果的信息共享和异地查询。"原建设部 2008 年 2 月 15 日发布的《房屋登记办法》第 29 条也规定：县级以上人民政府建设（房地产）主管部门应当加强房屋登记信息系统建设，逐步实现全国房屋登记簿信息

共享和异地查询。

目前在财产权登记系统的电子化建设上，应收账款质押登记公示系统处于较为先进的地位。该系统实现了登记信托的电子化，因此根据其向社会提供登记信息的查询服务，社会公众均可以通过互联网对系统中的所有登记进行查询。目前应收账款质押登记公示系统不仅可以提供针对出质财产的按登记证明编号查询的服务，而且可以提供按出质人名称查询的服务。2007 年 10 月 1 日中国人民银行征信中心发布的《应收账款质押登记操作规则》第 24 条规定：登记系统出具与查询条件相匹配的查询结果。查询结果包括查询报告和查询证明。以出质人名称查询的，查询人应当以当前有效的和查询时点前四个月内有效的法定名称进行查询。以出质人的身份证件号码查询的，查询人应当以出质人所有现在或曾经有效的身份证件号码进行查询。

如果实现了信托登记系统的电子化，不仅可以针对信托财产做成检索程序，而且可以将信托当事人的信息也做成检索程序，如此人们不仅可以对信托登记情况进行远程异地查询，而且可以选择针对信托财产或信托当事人来进行查询。例如，受托人的债权人欲得知受托人的真实责任财产状况，但是其并不知道哪一部分财产是受托人所管理的信托财产，此时债权人便可以以受托人为标准进行查询，从而可以知悉其债务人担任哪些财产的受托人，从而在判断受托人责任财产范围时可以将信托财产排除，了解受托人的真实偿债能力。

第六章 对我国信托登记的立法建议

第一节 信托登记立法的必要性

信托登记制度是信托公示制度的核心。我国《信托法》第 10 条赋予信托登记以生效主义的巨大影响力，但是未对信托登记作出更加详细的规定，而我国又面临着登记机构分散、登记规则模糊、登记系统电子化程度低、查询不易等诸多问题。《信托法》颁布至今已十多年，《物权法》颁布至今也已五年，但无论是不动产统一登记制度还是信托登记制度都未能建立起来，给我国信托登记实践造成极大的负面影响。在现实生活中，"当事人以房地产、股权、知识产权、船舶、民用航空器等依法必须登记、注册的财产或财产权设立信托而依法申请登记时，有关登记机构只能以没有登记规则为由拒绝办理信托登记手续，导致信托登记'有法可依，无法操作'"①。

一方面，信托法要求信托必须办理信托登记才能生效，而另一方面，立法机关又未能提供有关登记的规则，导致信托登记的机构、登记的程序、登记的内容等全都处于不确定状态，在事实上不仅导致《信托法》第10条无法落实，甚至使《信托法》的这一规定成为信托实践发展的障碍！有学者指出，"《信托法》第二条和国内缺乏可操作性的信托登记则使《信托法》的实效性大大降低，现行《信托法》从出台的第一天起就注定了要被修改的命运"②。法律尤其是私法应当为市场经济的运行提供交易安全和交易自由的保障，通过权利、义务和责任的配置为人们的行为提供良好的指引，使私法主体的行为符合市场经济的规律，从而实现市民社会的良好生活秩序。但是由于信托登记规则的缺失，信托法未能具备私法所应具备的为人们的行为提供有益指引的功能。人们在设立信托时，无法办理信托登记而不能使信托产生法律上的效力，只能通过信托合同来约束当事人之间的行为，同时国家公权力也无法通过登记制度来了解人们财产权利的真实存在和管理状况。因此，我国迫切需要进行信托登记的立法，建立信托登记制度以完善我国的信托立法。

---

① 何宝玉：《信托登记：现实困境与理想选择》，载刘俊海主编：《中国资本市场法治评论》，第2卷，150～151页，北京，法律出版社，2009。
② 张军建、张雁辉：《第二届中国（长沙）信托国际论坛综述》，载《河南省政法管理干部学院学报》，2006（6），122页。

第二节　信托登记立法的模式：统一立法还是分散立法

一、统一立法模式

对于信托登记的立法模式可以分为统一立法模式和分散立法模式两种。统一立法模式是指在一部法律里面对所有应登记财产权的信托登记事项作出集中规定，根据该部法律确定信托的登记机构及登记程序、登记内容、登记的查询、登记机构的责任等事项，从而实现信托登记的可操作性。

统一立法模式可以通过两种途径实现：一种途径是修改《信托法》，在其中增加数条有关信托登记的规定，从而在信托基本法的层面上实现信托登记制度的完善。另一种途径是由立法机关制定一部单独的《信托登记法》，以专门立法的形式对信托登记相关事项作出集中规定，成为各类信托财产进行信托登记的统一法律依据。此种模式也有国家机关在进行尝试，例如，中国银行业监督管理委员会（以下简称银监会）在 2008 年曾起草了一部《信托登记管理办法（征求意见稿)》，试图完成信托登记制度的统一立法。

二、分散立法模式

分散立法模式是指既不在修改《信托法》时增加规定信托登记的规则，也不进行信托登记的单独立法，而是由负责财产权登记的各个登记机构的主管行政部门通过制定部门规章或提请国务院制定相应行政法规的方式，在各类应登记财产权的领域内各自分散地建立财产权的信托登记制度，并最终使得各类应登记财产在作为信托财产设立信托时，都有进行信托登记的规范可供依循，由此实现信托登记制度的建立和完善。在我国信托登记制度缺失的严峻现实下，一些行政部门为了能够使其所主管的登记机构进行相应财产权的信托登记而开始尝试分散立法的模式。例如，住房和城乡建设部就正在起草《房地产信托登记暂行办法》，以图解决房地产设立信托时登记制度缺失的问题。

三、两种模式的比较与选择

（一）统一立法模式的优势与劣势

1. 统一立法模式的优势

通过修改《信托法》增加信托登记的规定，或者进行信托登记的单独立法，其具有的优势首先在于立法的层级较高，可以对《信托法》中不完善的地方进行修改。《信托法》在效力级别上属于全国人民代表大会常务委员会制定的法律，因此如果自身进行修改或者由全国人民代表大会常务委员会制定单独的《信托登记法》，都可以对《信托法》中不完善的地方作出修改而不至于违反法律效力的位阶。例如，可以对《信托法》第 10 条关于信托登记生效主义的规定作出修改，改采信托登记对抗主义，如此则可以使信托登记制度更加合理。

进行信托登记的统一立法，还可以对目前财产权登记中存在的缺陷作出改进。例如，目前登记机构过于分散，有些财产权没有相应的登记机构，而有些登记机构的职责范围又发生重合，通过信托登记的统一立法，可以对信托财产的具体登记机构作出调整和规范，使登记机构的配置更加合理。

通过信托登记的统一立法还有利于在全国范围内实现信托登记系统的电子化。例如，立法可以要求各类财产权登记机构都必须完成登记系统的电子化作业，并且相互之间必须实现资源的共享和链接，从而实现信托登记的电子化和网络化，可以提高登记的效率，便利人们进行登记和查询。

2. 统一立法模式的劣势

信托登记统一立法模式的最大劣势，就在于要整合目前已有的财产权登记机构并进行统一立法，在实现的过程中存在着较大的困难，因为信托登记不能脱离各类财产权自身的权利登记机构，而各类财产权的登记机构又分别隶属于不同的中央行政部门。要进行统一立法，则势必要求在各个行政部门之间进行协调和磋商，征得各个部门的同意和配合，才能真正在立法层面上实行信托登记的统一立法。而由于各个行政部门具有各自的部门利益，要想通过一部让各方都满意的立法，其过程必定较为曲折漫长，因此又将导致信托登记规则缺失的局面延续下去，不利于信托实践的发展。

（二）分散立法模式的优势与劣势

1. 分散立法模式的优势

由已有各类财产权登记机构的主管部门单独制定相应财产权的信托登记事宜，其优势正对应着统一立法模式的劣势，即分散立法模式所受的阻力较小，容易在短期内实现某类、某几类甚至全部已有应登记财产权的信托登记制度的构建。因为分散立法立足于各登记机构目前已有的权责范围，仅是在其业务范围上增加信托登记一项，对于部门利益的调整和影响并不大，而部门规章的立法程序相对较为简单，因此容易在短期内出台相应财产权的信托登记规则。

2. 分散立法模式的劣势

分散立法模式的劣势主要体现在三个方面：一是由于分散立法的立法层级较低，无法对《信托法》中的规定作出任何实质修改，因而不能改变信托登记的效力规定，所以即便建立起信托登记制度，其在基础理论上仍然存在缺陷，并将一直对实践产生不利的影响。二是分散立法模式完全是现实主义的进路，不对目前财产权登记较为零散、混乱的状况作出任何改变，仅是各自增加信托登记的业务，如此在有些财产权设立信托时，仍会存在没有有效的登记机构或数个登记机构之间发生重复的现象。三是分散立法难以在各个登记机构之间实现资源的共享和链接，因为各个部门的立法难以对不同登记系统之间网络化的建设作出有效的规定。

（三）两种立法模式中的选择

事实上，要对这两种立法模式作出单一的选择并非易事，因为每一种信托登记的立法模式所具有的优、劣势都存在于不同的角度上，因此难以将理论上的优、劣势和现实中的优、劣势进行比较并作出选择。由于《信托法》第 10 条的对信托登记的效力采取登记生效主义的模式，忽视了信托制度自身的特性，不利于当事人的意思自治和人们对财产权的处分，因而需要在法律的层级上对此作出修改，而这只有通过法律层面的信托登记统一立法才能实现。因此，笔者认为，最好采取统一立法模式，由全国人民代表大会常务委员会单独起草一部《信托登记法》，不仅规定信托登记的相关程序和内容，还对信托登记的效力作出修改，改采登记对抗主义。这样才能够从理论到制度上厘清信托登记上存在的问题，从而真正建立和完善我国的信托登记制度，为信托实践的发展起到巨大的促进作用。

第三节　对《房地产信托登记暂行办法（草案)》和《信托登记管理办法（征求意见稿)》的评析

一、对住房和城乡建设部《房地产信托登记暂行办法（草案)》的总体评析

不动产自身的特点使其成为极为重要的信托财产类型，"古老时代，对不动产之观念，只限于'占有'、'所有'，现代对不动产之新观念，已演变成为'所有'之真正含义在于'能高度有效利用'、'能如

商品真正货畅其流通'。是以土地信托被誉为'明日信托之星'"①。由
于我国实行土地公有制，个人不能拥有土地所有权，因而房产所有权
及其相关权利便成为私人财产中最重要的不动产权利。房地产价值巨
大，且容易进行出租、出售等利用，增值空间较大，适合作为信托财
产设立信托。因此实践中人们要求房地产登记机构进行信托登记的需
求较多，而信托登记制度的缺失则极大地阻碍了房地产信托的发展。
在我国，住房和城乡建设部主管房地产的登记工作，因此在实践中对
开展房地产信托的呼吁和推动下，住房和城乡建设部开始起草《房地
产信托登记暂行办法（草案）》，但起草工作尚未完成，草案尚未定稿，
因此也尚未向社会公开。

　　在目前的《房地产信托登记暂行办法（草案）》中，住房和城乡建
设部力图为房地产信托登记制定一套登记规则，将房地产信托登记业务
纳入到既有的房地产登记机构业务范围之内，对于房地产信托的设立、
变更和注销登记事项都作出了较为详细的规定，对于信托登记的内容也
做了较为合理的规定，并且对登记机构的工作时限也作出了明确规定，
可操作性较强。该草案目前存在的问题主要是不能突破《信托法》关于
信托定义中委托人将财产权"委托"给受托人的限制以及信托登记生效
主义的限制，所以在处理信托登记与所有权变动之间的关系以及登记的
效力问题时显得较为被动。此外，该草案对于信托登记的启动以及登记
机构登记错误时的赔偿责任等方面的规定尚不够完善，还有待加以改
进。总体而言，如果该草案能够通过，在当前信托登记制度缺失的大环境
下，将有利于房地产信托业务的开展，对于信托登记制度总体的建立也将
起到有益的促进作用。由于该草案尚未最终定稿，住房和城乡建设部考虑
到其他一些因素，认为时机尚未成熟，所以该部草案尚未向社会公开，因

---

　　① 黄国精：《信托之时代》，载黄国精：《信托论著集萃》（增订版），144 页，台
湾，三民书局，1994。

此笔者也不宜对该内部讨论稿发表过于详细的评论意见，还望读者见谅。

二、对银监会《信托登记管理办法（征求意见稿）》的总体评价

银监会在 2008 年起草了一部《信托登记管理办法（征求意见稿）》，试图完善信托登记制度的立法。此前上海信托业有感于信托登记制度缺失所带来的巨大不便，自发成立了上海信托登记中心，为数十家信托公司会员提供办理信托财产登记的业务，其业务范围不仅包括《信托法》第 10 条所规定的房产、股权等应登记财产的信托登记，而且包括动产、债权、债务等非应登记财产的信托登记。由于银行业与信托业关系紧密，如果能够由银监会推动信托登记制度的建立，则对于信托业的发展将会起到极大的促进作用。而且此前由中国人民银行征信中心建立的应收账款质押登记公示系统实现了登记的电子化，在应收账款质押的登记上起到了良好的作用。应当说，银监会进行这一立法的尝试是有其积极意义的。

但就其征求意见稿的总体内容而言，尚存在几个不容回避的问题。首先，征求意见稿所欲建立的信托登记系统并不仅限于银行业既有登记业务的范围内，而是希望涵盖所有财产权的登记，无论是依法应登记的财产权，还是无法定公示方式的财产权，其都希望通过该征求意见稿构建的登记机构来进行信托登记。从这一点来讲，该征求意见稿尝试的是统一立法的模式。但是，由于银监会只是国务院下属的行政部门，其主持的立法在效力层级上只能是部门规章，因而难以统筹既有的不同财产权登记机构。如果绕开既有的各类财产权登记机构，则其无法利用这些登记机构已有的信息储存，那么在进行信托登记的审核时还必须到其他财产权登记机构进行查询，如此则较为周折；如果其自建一套完整的财产权信息系统，则成本过大而且由于行政权力范围的限制而无法实现。因此这是该征求意见稿难以逾越的障碍。其次，该征求

意见稿对于信托登记的效力、信托登记的审查标准、登记错误的赔偿责任等方面也存在着改进的余地。总体而言，该征求意见稿所处的立场偏向于信托业一方，而且在诸多事项的处理上有模仿中国人民银行制定的《应收账款质押登记办法》的痕迹，但事实上信托登记与担保物权的登记存在较大的差异，因此立法必须遵循信托登记自身的规律。

三、对银监会《信托登记管理办法（征求意见稿)》的全面评析

以下以表格的形式对银监会起草的《信托登记管理办法（征求意见稿)》作出较详细的评析。

表6—1　　　对银监会《信托登记管理办法（征求意见稿)》的评析

条文序号	内容	评析
第一章　总则		
第一条	为规范信托登记行为，保护信托当事人的合法权益，促进信托业健康发展，根据《中华人民共和国信托法》等法律法规的规定，制定本办法。	该条为立法目的，信托登记作为信托的公示方法之一，还具有保护交易安全的功能。
第二条	在中华人民共和国境内申请办理信托登记，适用本办法。	该条不区分信托财产的种类而将所有信托登记业务纳入其中，在实践操作中可能存在较多困难。
第三条	本办法所称信托登记，是指信托登记机构依信托机构申请，对委托人设立信托的非现金资产及其变动情况予以记录，证明为信托财产的行为。 前款所称信托登记机构，是指经中国银行业监督管理委员会批准设立，按照《中华人民共和国信托法》和本办法规定，专门从事信托登记业务的不以营利为目的的法人。	该条对于信托登记的定义明显过窄，有偏向信托业的痕迹。因为信托业只是信托的一种形态，信托公司仍然是受托人。本条关于非现金资产的规定，同样存在与第2条相同的问题。此外，由于《信托法》并未对信托登记作出更多的规定，因而难以在此成为银监会下设信托登记公司的法律依据。

续前表

条文序号	内容	评析
第四条	信托登记采取全国集中统一的登记方式，由信托登记机构依法集中统一办理。	此种统一登记的模式将面临操作难的现实问题。
第五条	信托登记应当遵守法律、法规的规定和信托文件的约定，坚持客观、诚信的原则，不得损害国家利益、社会公共利益和他人的合法权益。	该条可删除，对于信托是否合法，在对信托目的进行审核时便可确定。
第六条	中国银行业监督管理委员会依法对信托登记机构及信托登记业务实施监督管理。	该条仍是较低层级的立法与较广业务管辖范围之间的矛盾。
第二章　信托登记的申请		
第七条	信托登记由信托机构提出登记申请。前款所称信托机构，是指符合《中华人民共和国信托法》等法律法规的规定，从事营业信托业务的金融机构。	信托登记应当由信托当事人提出登记申请，此条规定与该征求意见稿第2条的规定相冲突。
第八条	以非现金资产设立信托，信托机构应当在信托文件生效之日起三个工作日内，向信托登记机构申请办理信托登记。 信托财产为资金的，信托机构应当遵守中国人民银行《关于信托投资公司人民币银行结算账户开立和使用有关事项的通知》（银发〔2003〕232号）、中国银行业监督管理委员会和中国证券监督管理委员会《关于信托投资公司开设信托专用证券账户和信托专用资金账户有关问题的通知》（银监发〔2004〕61号）等法规的规定，为信托资金开设信托专户，保障信托资金的安全与独立。	该条规定更接近于银监会对信托机构的行政管理规范，在此作为信托登记的条文则有所不宜。
第九条	信托机构申请办理信托登记，应当向信托登记机构提交下列材料： （一）信托登记申请书；	首先该条规定仍将信托登记的申请人限于信托机构，其次该条对于信托登记申请应提交的材料规定过简，不利于实践操作。

续前表

条文序号	内容	评析
	（二）相关信托文件； （三）法律法规规定要求提交的其他材料。 信托财产有权属证明的，信托机构还应当提交相关证明文件。	
第十条	信托机构应当保证其提交的信托登记申请材料真实、准确、完整，不得通过捏造、删改等方式提供虚假材料。	该条规定挂一漏万，且不具有可操作性，不如放在登记错误的责任之中进行规定。
第十一条	信托存续期间，已登记的信托财产形态发生变化，或者现金资产转化为非现金资产的，信托机构应当在该信托财产形态发生变动之日起三个工作日内，就变动事项申请办理信托（变更）登记。	该条规定是为了保持信托财产的同一性，但将登记义务人的范围又限制在信托机构则过狭窄。
第十二条	信托终止后，信托机构应当在完成信托财产归属分配之日起三个工作日内，申请撤销信托登记，并提交下列材料： （一）撤销信托登记申请书； （二）信托清算报告； （三）信托财产分配方案； （四）法律法规规定要求提交的其他材料。	该条是关于信托终止后财产处理的规定，但将登记义务人的范围又限制在信托机构则过狭窄。
第十三条	信托无效或者被撤销的，信托机构或利害关系人可以根据人民法院的判决、仲裁机关的裁决、公证文书或者其他有效证明材料，向信托登记机构申请撤销信托登记。	该条是关于信托无效或被撤销作为信托登记撤销的依据的规定。
第十四条	信托财产的利害关系人对已办理的信托登记有异议的，可以向信托登记机构提出登记异议。	该条是关于信托设立的异议登记，目的在于保护委托人的债权人。
第三章　信托登记的办理		
第十五条	信托登记机构应当建立安全、方便、快捷的信托登记系统，提供必要的服务设备和完善的数据安全保护措施。	还应提供便捷的查询措施。

续前表

条文序号	内容	评析
第十六条	信托登记机构依法履行下列职能： （一）制定并公开信托登记业务规则、与信托登记业务有关的收费项目和标准； （二）办理信托登记； （三）依法提供与信托登记业务有关的查询、咨询和培训服务； （四）记录信托机构的信托产品信息； （五）中国银行业监督管理委员会批准的其他业务。	该征求意见稿所设立的信托登记机构并非属于公法人，而是公司法人，如果开展其他业务过多，则有可能影响信托登记的服务质量和可信度。
第十七条	信托登记机构不得从事下列活动： （一）与信托登记业务无关的投资； （二）购置非自用不动产； （三）法律、行政法规和中国银行业监督管理委员会禁止的其他行为。	该条规定将信托登记机构视为商业银行进行管理。
第十八条	信托登记机构的下列活动，应当报中国银行业监督管理委员会批准： （一）制定、修改章程和业务规则； （二）规定或调整信托登记业务收费标准； （三）任免董事或高级管理人员； （四）重大国际合作与交流； （五）依法应当报中国银行业监督管理委员会批准的其他活动。	该条规定实属银监会对其下属机构的内部管理规定，在信托登记管理办法中加以规定似有不妥。
第十九条	信托登记机构收到信托机构提交的登记申请后，应当出具确认书，并及时进行形式审查。 申请书符合本办法要求的，信托登记机构应当在受理之日起五个工作日内审查完毕，并办理信托登记。申请材料不符合本办法要求的，信托登记机构应在受理之日起三个工作日内告知信托机构，并要求信托机构在二个工作日内补齐有关材料，逾期不补交或补交不完整的，视为放弃信托登记。	该条将信托登记机构的审查标准明确规定为形式审查，须知信托也是发生物权变动的一种原因，此种规定与《物权法》及其他不动产登记法规的规定不一致。

续前表

条文序号	内容	评析
第二十条	信托登记应当登记以下内容： （一）信托当事人的姓名或者名称、住所； （二）信托财产的范围、种类及状况； （三）信托期限； （四）法律法规和中国银行业监督管理委员会要求登记的其他内容。	作为涵盖全部信托登记的规范，信托登记还应当重点记载信托目的和受托人对信托财产的管理方式和权限。
第二十一条	信托登记机构应当保证信托登记所记录的信息与信托机构提交的材料内容相一致，不得隐匿、伪造或者毁损。	该条规定宜放在责任一章中。
第二十二条	信托登记机构应当在完成信托登记当日向申请人出具统一格式的信托登记证明文件。 信托登记证明文件的内容和格式，由信托登记机构制定并报中国银行业监督管理委员会备案。	该条还需对信托登记证明文件与财产权权属证书之间的关系作出规定。
第二十三条	信托登记机构应当妥善保存信托登记有关文件和资料，其保存期限不得少于二十年。	该条规定不妥，保存年限应当是自信托终止之后开始计算。
第二十四条	信托登记机构对其所编制的信托登记业务数据和资料进行专属管理，任何组织和个人不得将该数据和资料用于商业目的。	该条规定应将禁止行为的对象定位于信托登记机构，并将该条放置于责任一章中较妥。
第二十五条	信托登记机构及其工作人员对与信托登记业务有关的数据和资料，负有依法保密义务。	该条应置于责任或罚则一章。
第二十六条	对与信托登记业务有关的数据和资料，发生下列情形之一时，信托登记机构方可依法办理查询，并提供必要的便利： （一）信托当事人查询与其本人有关的信托登记资料； （二）人民法院、人民检察院、公安机关和中国银行业监督管理委员会依照法定的条件和程序进行查询和取证。	该条规定有违信托的公示原则，对于信托登记原簿的内容，应当向社会不特定人开放查询，只有信托文件才需要加设利害关系人的范围限制。

续前表

条文序号	内容	评析
第四章　信托登记的效力		
第二十七条	未依照《中华人民共和国信托法》和本办法规定办理信托登记的，应当补齐登记手续；不补办的，信托不产生效力。	该条规定照搬《信托法》第10条的规定，意义不大。
第二十八条	已办理信托登记的财产，具有《中华人民共和国信托法》规定的独立性并受法律保护，由信托机构以自己名义按信托文件约定进行管理、运用和处分。	该条规定将受托人仅限于信托机构，范围过狭窄，且此条规定本身意义不大。
第二十九条	已办理信托登记的财产，与委托人的其他财产相区别。 信托设立后，委托人死亡或者依法解散、被依法撤销、被宣告破产时，委托人是唯一受益人的，信托终止，信托财产作为其遗产或者清算财产；委托人不是唯一受益人的，信托存续，信托财产不作为其遗产或者清算财产，但作为共同受益人的委托人死亡或者依法解散、被依法撤销、被宣告破产时，其信托受益权作为其遗产或者清算财产。	该条规定照搬《信托法》第15条的规定，意义不大。
第三十条	已办理信托登记的财产，与信托机构的固有财产相区别，不得归入信托机构的固有财产或者成为固有财产的一部分。 信托机构依法解散、被依法撤销、被宣告破产而终止，信托财产不属于其遗产或者清算财产。	该条规定照搬《信托法》第16条的规定，意义不大。
第三十一条	对已办理信托登记的财产，不得强制执行，但下列情形除外： （一）设立信托前债权人已对该信托财产享有优先受偿的权利，并依法行使该权利的； （二）信托机构处理信托事务所产生	该条规定照搬《信托法》第17条的规定，意义不大。

续前表

条文序号	内容	评析
	债务，债权人要求清偿该债务的； （三）信托财产本身应担负的税款； （四）法律规定的其他情形。	
第三十二条	已办理信托登记的财产，其所有权发生变更的，应当依照现有法律、行政法规的规定办理所有权变更登记手续。	该条规定似乎超越了信托登记的范围，可以删除。

第五章　监督与罚则

条文序号	内容	评析
第三十三条	中国银行业监督管理委员会有权检查信托登记机构的业务活动。	该条规定属于银监会的职权划分。
第三十四条	中国银行业监督管理委员会应当督促、指导信托登记机构建立、健全下列制度： （一）风险防范制度和内部控制制度； （二）行业技术系统、技术标准和规范； （三）信托登记数据和技术系统的备份制度； （四）紧急事件应变程序和操作流程。	该条属行政管理性规定。
第三十五条	信托登记机构在办理信托登记过程中，发现信托机构存在违法违规行为的，应当及时向中国银行业监督管理委员会报告。	该条属行政管理性规定，而且超越信托登记机构的职责范围。
第三十六条	信托登记机构工作人员必须忠于职守、依法办事，不得利用职务便利谋取不正当利益，不得泄露所知悉的有关单位和个人的商业秘密。	该条未规定具体责任，导致可操作性不强。
第三十七条	信托机构存在下列情形之一的，应当依法承担相应的法律责任： （一）伪造、变造申请文件； （二）提交的申请材料存在重大错误或虚假陈述； （三）伪造、涂改信托登记证明文件。	该条未规定具体责任，导致可操作性不强。

续前表

条文序号	内容	评析
第三十八条	信托登记机构及其工作人员违反本办法规定，给信托当事人造成损失的，应当承担相应的法律责任。	该条未规定具体责任，导致可操作性不强。
第六章　附则		
第三十九条	本办法施行前已经依法成立并处于存续期内的信托，应当依照本办法补办信托登记。	该条是对《信托法》第10条及该征求意见稿自身第27条规定的配套规定。
第四十条	受托人为自然人申请办理信托登记的，参照本办法执行。	该条表明了其偏向于信托业的立场。
第四十一条	本办法由中国银行业监督管理委员会负责解释。	该条可删除，有损行政机关立法的权威性。
第四十二条	本办法自发布之日起施行。	该条属于生效时间的规定。

资料来源：本研究自行整理。

参考文献

一、中文资料

（一）著作

1. 赖源河，王志诚．现代信托法论（增订三版）．北京：中国政法大学出版社，2002

2. 王志诚．信托法．台湾：五南图书出版股份有限公司，2009

3. 谢哲胜．信托法总论．台湾：元照出版有限公司，2003

4. 谢哲胜．财产法专题研究（五）．台湾财产法及经济法研究协会，2006

5. 谢哲胜．信托法．台湾：元照出版有限公司，2009

6. 余辉．英国信托法：起源、发展及

其影响．北京：清华大学出版社，2007

　　7. 朱少平，葛毅主编．中国信托法起草资料汇编．北京：中国检察出版社，2002

　　8. 卞耀武主编．中华人民共和国信托法释义．北京：法律出版社，2002

　　9. 周小明．信托制度比较法研究．北京：法律出版社，1996

　　10. 陈雪萍，豆景俊．信托关系中受托人权利与衡平机制研究．北京：法律出版社，2008

　　11. 邢建东．衡平法的推定信托研究——另一类的物权性救济．北京：法律出版社，2007

　　12. 何宝玉．信托法原理研究．北京：中国政法大学出版社，2005

　　13. 关景欣编著．中国信托法律操作实务．北京：法律出版社，2008

　　14. 方嘉麟．信托法之理论与实务．北京：中国政法大学出版社，2004

　　15. 唐义虎．信托财产权利研究．北京：中国政法大学出版社，2005

　　16. 王利明．物权法研究（修订版）（上卷）．北京：中国人民大学出版社，2007

　　17. 王利明．物权法研究（修订版）（下卷）．北京：中国人民大学出版社，2007

　　18. 谢在全．民法物权论（中）（增订四版）．台湾：新学林出版股份有限公司总经销，2009 年作者自版

　　19. 谢哲胜．民法物权（增订二版）．台湾：三民书局股份有限公司，2009

　　20. 许明月，胡光志等．财产权登记法律制度研究．北京：中国

社会科学出版社，2002

21. 于海涌．论不动产登记．北京：法律出版社，2007

22. 高圣平．动产担保交易制度比较研究．北京：中国人民大学出版社，2008

23. 常鹏翱．物权程序的构建与效应．北京：中国人民大学出版社，2005

24. 陈华彬．物权法研究（修订版）．北京：法律出版社，2009

25. 高富平，吴一鸣．英美不动产法：兼与大陆法比较．北京：清华大学出版社，2007

26. 孙宪忠．中国物权法总论（第二版）．北京：法律出版社，2009

27. 叶金强．公信力的法律构造．北京：北京大学出版社，2004

28. 李昊，常鹏翱，叶金强，高润恒．不动产登记程序的制度构建．北京：北京大学出版社，2005

29. 高炳晖．美国信托业之业务操作及其内部稽核制度之研究．台湾：台北市中央存款保险公司，1997

30. 潘秀菊．信托法之实用权益．台湾：永然文化出版股份有限公司，1996

31. 史尚宽．信托法论．台湾："商务印书馆"股份有限公司，1972（初版于1946年）

32. 许兆庆．美国信托法第三新编之研究．台湾：嘉义地方法院2004年11月初次印行

33. 许兆庆．信托法律适用及承认公约．台湾：嘉义地方法院2003年11月初次印行

34. 徐国香．信托法研究．台湾：五南图书出版公司，1988

35. 黄国精．信托论著集萃（增订版）．台湾：三民书局，1994

36. 朱斯煌．信托总论．上海：中华书局有限公司，1941年8月

再版（1939 年 9 月初版）

37. 汤淑梅．信托受益权研究：理论与实践．北京：法律出版社，2009

38. 霍玉芬．信托法要论．北京：中国政法大学出版社，2003

39. 何宝玉．英国信托法原理与判例．北京：法律出版社，2001

40. 张天民．失去衡平法的信托——信徒观念的扩张与中国《信托法》的机遇和挑战．北京：中信出版社，2004

41. 陈雪萍．信托在商事领域发展的制度空间——角色转换和制度创新．北京：中国法制出版社，2006

42. 王淑敏，陆世敏主编．金融信托与租赁．北京：中国金融出版社，2002

43. 钟瑞栋，陈向聪．信托法．厦门：厦门大学出版社，2004

44. 郭德香．金融信托法律制度研究．郑州：郑州大学出版社，2003

45. 徐孟洲主编．信托法学．北京：中国金融出版社，2004

46. 康锐．我国信托法律制度移植研究．上海：上海财经大学出版社，2008

47. 张军建．信托法基础理论研究．北京：中国财政经济出版社，2009

48. 孙毅．近代中国经济体制变迁中的信托业．北京：经济科学出版社，2009

49. 夏扬．上海道契：法治变迁的另一种表现．北京：北京大学出版社，2007

50. 施天涛，余文然．信托法．北京：人民法院出版社，1999

51. 钱弘道．英美法讲座．北京：清华大学出版社，2004

52. 周枏．罗马法原论（下册）．北京：商务印书馆，1994

53. 谢怀栻．谢怀栻法学文选．北京：中国法制出版社，2002

54. 渠涛主编．中日民商法研究（第一卷）．北京：法律出版社，2003

55. 江平、米健．罗马法基础（修订本第三版）．北京：中国政法大学出版社，2004

56. 何旭艳．上海信托业研究（1921—1949 年）．上海：上海世纪出版集团，上海人民出版社，2007

57. 吴弘，贾希凌，程胜．信托法论——中国信托市场发育发展的法律调整．上海：立信会计出版社，2003

58. 刘正峰．美国商业信托法研究．北京：中国政法大学出版社，2009

59. 戴庆康．国际信托的法律冲突与法律适用．南京：东南大学出版社，2009

60. 刘金凤，许丹，何燕婷等．海外信托发展史．北京：中国财政经济出版社，2009

61. 程汉大主编．英国法制史．济南：齐鲁书社，2001

62. 李红海．普通法的历史解读——从梅特兰开始．北京：清华大学出版社，2003

63. 何勤华主编．英国法律发达史．北京：法律出版社，1999

64. 法务部信托法研究制定资料汇编（三）．我国台湾地区"法务部"，1994 年 4 月印行

65. 芮沐．民法法律行为理论之全部．台湾：三民书局股份有限公司经销，2002 年作者自版

66. 李宜琛．日耳曼法概说．北京：中国政法大学出版社，2003

67. 郑云鹏．公证法新论．台湾：元照出版有限公司，2000

68. 谢在全．民法物权论（上）（修订二版）．台湾：三民书局股份有限公司经销，2003 年作者自版

69. 史尚宽．民法总论．北京：中国政法大学出版社，2000

70. 王泽鉴. 民法总则（增订版）. 北京：中国政法大学出版社，2001

71. 林诚二. 民法总则（下册）. 北京：法律出版社，2008

72. 王利明. 民法总则研究. 北京：中国人民大学出版社，2003

73. 薛波主编. 元照英美法词典. 北京：法律出版社，2003

74. 李鸿毅. 土地法论（修订十八版）. 台湾：三民书局总经销，1993 年作者自版

75. 温丰文. 土地法（修订六版）. 台湾：三民书局总经销，1995 年作者自版

76. 住房和城乡建设部政策法规司、住宅与房地产业司、村镇建设办公室主编. 房屋登记办法释义. 北京：人民出版社，2008

77. 林诚二. 民法债编各论（中）. 北京：中国人民大学出版社，2007

78. 张军建. 信托法基础理论研究. 北京：中国财政经济出版社，2009

79. 常鹏翱. 不动产登记法. 北京：社会科学文献出版社，2011

（二）译著

1. ［日］川崎诚一. 信托. 刘丽京，许泽友译. 北京：中国金融出版社，1989

2. ［英］F. W. 梅兰特. 国家、信托与法人. 樊安译. 北京：北京大学出版社，2008

3. 文杰译. 最新不列颠法律袖珍读本：信托法. 武汉：武汉大学出版社，2003

4. ［日］中野正俊. 信托法判例研究. 张军建译. 北京：中国方正出版社，2006

5. ［日］藤仓皓一郎，木下毅，高桥一修，樋口范雄主编. 英美

判例百选．段匡，杨永庄译．北京：北京大学出版社，2005

6.［英］D. J. 海顿．信托法（第 4 版）．周翼，王昊译．北京：法律出版社，2004

7.［意］彼德罗·彭梵得．罗马法教科书．黄风译．北京：中国政法大学出版社，2005

8.［英］巴里·尼古拉斯．罗马法概论．黄风译．北京：法律出版社，2000

9.［英］约翰·哈德森．英国普通法的形成——从诺曼征服到大宪章时期英格兰的法律与社会．刘四新译．北京：商务印书馆，2006

10.［英］S. F. C. 密尔松．普通法的历史基础．李显东，高翔，刘智慧，马呈元译．北京：中国大百科全书出版社，1999

11.［英］梅特兰．普通法的诉讼形式．王云霞，马海峰，彭蕾译．北京：商务印书馆，2009

12.［英］F. H. 劳森，B. 拉登．财产法（第 2 版）．施天涛，梅慎实，孔祥俊译．北京：中国大百科全书出版社，1998

13.［英］靳克斯．英国法．张季忻译，陈融勘校．北京：中国政法大学出版社，2007

14.［英］威廉·布莱克斯通．英国法释义（第一卷）．游云庭，缪苗译．上海：上海人民出版社，2006

15.［英］R·C·范·卡内冈．英国普通法的诞生．李红海译．北京：中国政法大学出版社，2003

16.［德］K. 茨威格特，H. 克茨．比较法总论．潘汉典，米健、高鸿钧，贺卫方译．北京：法律出版社，2003

17.［英］丹尼斯·基南．英国法（第 14 版）（上册）．陈宇，刘坤轮译．北京：法律出版社，2008

18.［法］弗朗索瓦·泰雷，菲利普·泰勒尔．法国财产法（上）．罗结珍译．北京：中国法制出版社，2008

19. ［日］四宫和夫．日本民法总则．唐晖，钱孟珊译，朱柏松校订，台湾：五南图书出版有限公司，1995

20. ［日］我妻荣．新订民法总则．于敏译．北京：中国法制出版社，2008

21. ［德］鲍尔、施蒂尔纳．德国物权法（上册）．张双根译．北京：法律出版社，2004

22. ［德］卡尔·拉伦茨．德国民法通论（下册）．王晓晔，邵建东，程建英，徐国建，谢怀栻译．北京：法律出版社，2003

23. ［英］沃克．牛津法律大辞典．李双元等译．北京：法律出版社，2003

24. ［德］克里斯蒂安·冯·巴尔，［德］乌里希·德罗布尼希主编．欧洲合同法与侵权法及财产法的互动．吴越，王洪，李兆玉等译．北京：法律出版社，2007

25. ［德］克里斯蒂安·冯·巴尔，［德］乌里希·德罗布尼希主编．欧洲合同法与侵权法及财产法的互动，吴越，王洪，李兆玉等译．北京：法律出版社，2007

26. ［日］能久善见．现代信托法．赵廉慧译，姜雪莲，高庆凯校．北京：中国法制出版社，2011

（三）论文

1. 王志诚．信托：私法体系之水上浮油？（上）．台湾本土法学，2003（5）（总第 46 期）

2. 王志诚．信托：私法体系之水上浮油？（下）．台湾本土法学，2003（6）（总第 47 期）

3. 李群星．所有权的变奏——信托财产权权利研究．见：王利明主编．物权法专题研究（上）．长春：吉林人民出版社，2002

4. 朱柏松．论受托人违反信托本旨处分信托财产之效力．月旦法

学，第 82 期（2002 年 3 月）

　　5. 谢哲胜．从商业信托的概念论投资信托的法律架构．月旦法学，第 82 期（2002 年 3 月）

　　6. 王文宇．从信托法原理论共同基金之规范．月旦法学，第 82 期（2002 年 3 月）

　　7. 方嘉麟．利害关系人交易问题探讨．月旦法学，第 90 期（2002 年 11 月）

　　8. 王文宇．信托法制与资产管理业务之规范．月旦法学，第 90 期（2002 年 11 月）

　　9. 王志诚．信托财产运用同意权之探讨．月旦法学，第 90 期（2002 年 11 月）

　　10. 谢哲胜．信托业管理信托财产的权限．月旦法学，第 90 期（2002 年 11 月）

　　11. 李世刚．论《法国民法典》对罗马法信托概念的引入．中国社会科学，2009（4）（总第 178 期）

　　12. 王利明．试论我国不动产登记制度的完善（上）．求索，2001（5）

　　13. 王利明．试论我国不动产登记制度的完善（下）．求索，2001（6）

　　14. 张昕，龙梅．英国信托法的晚近发展与评述——兼论对中国《信托法》适用的参考意义．见：赵海峰，张小劲主编．欧洲法通讯（第三辑）．北京：法律出版社，2002

　　15. ［比］迪尔克·赫尔鲍特．封建法：欧洲真正的财产共同法——我们应当重新引入双重所有权？．张彤译．见：王洪亮，张双根，田土永主编．中德私法研究（总第 4 卷）．北京：北京大学出版社，2008

　　16. 江平，周小明．建构大陆的信托法制的若干设想．政法论坛，1993（6）

17. 冯军．列支敦士登信托法介评．当代法学，2003（9）

18. 胡大展．论信托法的源流．法学家，2001（4）

19. 张天民．论信托财产上权利义务的冲突与衡平——信托的合同基础与中国继受信托法．见：梁慧星主编．民商法论丛（第 9 卷）．北京：法律出版社，1998

20. 李智仁．日本信托业法之修法趋势及启发．玄奘法律学报，第 5 期（2006 年 6 月）

21. 陈春山．我国信托法制之发展．月旦法学，第 7 期（1995 年 11 月）

22. 陈争平，左大培．"民十信交风潮"的教训．经济导刊，1994（3）

23. 何旭艳．信托业在中国的兴起——兼论"信交风潮"中的信托公司．近代史研究，2005（4）

24. 江平，周小明．论中国的信托立法．中国法学，1994（6）

25. 夏扬．洋商挂名道契与近代信托制度的实践．比较法研究，2006（6）

26. 马长林．近代上海城市发展的见证——道契．世纪，2006（5）

27. 杨崇森．信托之基本观念——信托法研究之一．中兴法学，第 8 期（1973 年 12 月）

28. 马栩生．登记公信力：基础透视与制度建构．法商研究，2006（4）

29. 王文宇．信托之公示机制与对世效力．月旦法学，第 91 期（2002 年 12 月）

30. 罗杨．信托登记制度启示录：设计思路与法律建议（下）．信托周刊，第 11 期（2009 年 3 月 25 日）

31. 江隆蒲．台湾现行不动产信托登记之种类与问题分析．信托

周刊，第 20 期（2009 年 8 月 31 日）

32. 汪其昌．不动产信托登记问题研究．信托周刊，第 20 期（2009 年 8 月 31 日）

33. 谢哲胜．信托的成立——法院相关判决评释．法令月刊，第 60 卷第 11 期（2009 年 11 月）

34. 何宝玉．信托登记：现实困境与理想选择．见：刘俊海主编．中国资本市场法治评论（第 2 卷）．北京：法律出版社，2009

35. 张建文．俄罗斯信托法制的本土化路径——从"信托所有"到"信托管理"．月旦民商法杂志，第 25 期（2009 年 9 月）

36. 谢哲胜．债权确保与信托制度的平衡．月旦法学，第 93 期（2003 年 2 月）

37. 林炫秋．论遗嘱信托之成立与生效．兴大法学，第 2 期（2007 年 11 月）

38. 詹森林．信托之基本问题——"最高法院"判决与信托法规定之分析比较．律师通讯，第 204 期（1996 年 9 月）

39. 陈春山．信托法关系之设定——信托法草案之规范．万国法律，第 82 期（1995 年 8 月）

40. 汤淑梅．信托登记制度的构建．法学杂志，2008（6）

41. 张军建，张雁辉．第二届中国（长沙）信托国际论坛综述．河南省政法管理干部学院学报，2006（6）

42. 于海涌．论实质审查与登记机关谨慎义务的边界——以《房屋登记办法》为中心．暨南学报（哲学社会科学版），2009（1）

43. 张步峰，熊文钊．行政法视野下的不动产物权登记行为．行政法学研究，2009（1）

（四）学位论文

1. 林志宏．由信托继受立法论物权绝对性于债权相对性．台湾：

东吴大学法律系研究所 1999 年度硕士论文

2. 曾邑伦. 信托公示之研究. 台湾：中正大学法律学研究所 2006年度硕士论文

3. 陈维铠. 罗马法上之信托概念与现代信托. 台湾：东华大学财经法律研究所 2009 年度硕士论文

二、英文资料

（一）著作

1. Andrew Iwobi，*Essential Trusts（Third Edition）*，武汉：武汉大学出版社，2004（影印版）

2. A. J. Oakley，*The Modern Law of Trusts（Ninth Edition）*，Sweet & Maxwell Ltd，2008

3. Richard Edwards & Nigel Stockwell，*Trusts and Equity（5th Edition）*，北京：法律出版社，2003（影印版）

4. Gary Watt，*Briefcase on Equity & Trusts（Third Edition）*，武汉：武汉大学出版社，2004（影印版）

5. Zentaro Kitagawa & Karl Riesenhuber Eds，*The Identity of German and Japanese Civil Law in Comparative Perspectives*，De Gruyter Rechtswissenschaften Verlags-Gmbh，2007

6. Maurizio Lupoi，*Trusts：A Comparative Study*，translated by Simon Dix，Cambridge University Press，2000

7. The American Law Institute，*Restatement of the Law，Second，Trusts*，Volume 1

8. The American Law Institute，*Restatement of the Law，Third，Trusts*，Volume 1

9. The American Law Institute，*Restatement of the Law，Third，Trusts*，Volume 2

10. National Conference of Commissioners on Uniform State Laws, *Uniform Trust Code* (*Last Revised or Amended in* 2005)

11. National Conference of Commissioners on Uniform State Laws, *Uniform Trust Code* (*With Prefatory Note and Comments*) (*Last Revised or Amended in* 2005)

12. Hague Convention, *Convention on the Law Applicable to Trusts and on their Recognition*, 1 July 1985

13. David Johnston, *The Roman Law of Trusts*, Oxford University Press, 1988

14. Graham Moffat with Gerard Bean and John Dewar and Marina Milner, *Trusts Law：Text and Materials* (*Third Edition*), London：LexisNexis Butterworths, 2002

15. Jesse Dukeminier & Stanley M. Johanson, *Wills*, *Trusts*, *and Estates* (*Sixth Edition*), 北京：中信出版社, 2003（影印版）

（二）论文

1. Joel C. Dobris, "Changes in the Role and the Form of the Trust at the New Millennium, or, We Don't Have to Think of England Anymore", *62 Alb. L. Rev.* 543 (1998)

2. Payson R. Peabody, "A Proposal to Resolve the Trustee 'Owner' Liability Quandary", *8 Admin. L. J. Am. U.* 405 (Summer, 1994)

3. Frances H. Foster, "Privacy and the Elusive Quest for Uniformity in the Law of Trusts", *38 Ariz. St. L. J. 713* (Fall, 2006)

4. Jeremy M. Veit, "Self-Settled Spendthrift Trusts and the Alaska Trust Act：Has Alaska Moved Offshore? ", *16 Alaska L. Rev. 269* (December, 1999)

5. Edward C. Halbach, Jr. , "Symposium on Law in the Twenti-

eth Century: Uniform Acts, Restatements, and Trends in American Trust Law at Century's End", *88 Calif. L. Rev. 1877* (December, 2000).

6. David M. English, "The Uniform Trust Code (2000) and Its Application to Ohio", *30 Cap. U. L. Rev. 1* (2002)

7. John K. Eason, "Trust Law in the 21st Century: Policy, Logic, and Persuasion in the Evolving Realm of Trust Asset Protection", *27 Cardozo L. Rev. 2621* (April, 2006)

8. Henry Hansmann & Ugo Mattei, "Trust Law in the United States. A Basic Study of Its Special Contribution", *46 Am. J. Comp. L. 133* (1998)

9. Victoria Hasseler, "Trustee-Beneficiaries, Creditors, and New York's Eptl: The Surprises That Result and How the Utc Solves Them", *69 Alb. L. Rev. 1169* (2006)

10. John H. Langbein, "Why Did Trust Law Become Statute Law in the United States?", *58 Ala. L. Rev. 1069* (2007)

11. Ritchie W. Taylor, "Domestic Asset Protection Trusts: The Estate Planning Tool of the Decade or a Charlatan?", *13 BYU J. Pub. L. 163* (1998)

12. Avisheh Avini, "The Origins of the Modern English Trust Revisited", *70 Tul. L. Rev. 1139* (March, 1996)

13. Shael Herman, "Utilitas Ecclesiae: The Canonical Conception of the Trust", *70 Tul. L. Rev. 2239* (June, 1996)

14. Jeffrey A. Cooper, "Empty Promises: Settlor's Intent, The Uniform Trust Code, and the Future of Trust Investment Law", *88 B. U. L. Rev. 1165* (December, 2008)

15. John H. Langbein, "The Contractarian Basis of the Law of

Trusts", *105 Yale L. J. 625* (December, 1995)

16. Kristen A. Carpenter, Sonia K. Katyal, Angela R. Riley, "In Defense of Property", *118 Yale L. J. 1022* (April, 2009)

17. Henry Hansmann, Ugo Mattei, "The Functions of Trust Law: A Comparative Legal and Economic Analysis", *73 N. Y. U. L. Rev. 434* (May, 1998)

18. Steven L. Schwarcz, "Commercial Trusts as Business Organizations: Unraveling the Mystery", *58 Bus. Law. 559* (February, 2003)

19. John H. Langbein, "The Secret Life of the Trust: The Trust as an Instrument of Commerce", *107 Yale L. J. 165* (October, 1997)

20. Deborah A. Demott, "Beyond Metaphor: An Analysis of Fiduciary Obligation", *1988 Duke L. J. 879* (November, 1988)

21. Payson R. Peabody, "A Proposal To Resolve The Trustee 'Owner' Liability Quandary", *8 Admin. L. J. Am. U. 405* (Summer, 1994)

22. Gregory S. Alexander, "The Dead Hand and the Law of Trusts in the Nineteenth Century", *37 Stan. L. Rev. 1189* (May, 1985)

23. Dante Figueroa, "Civil Law Trusts in Latin America: Is the Lack of trusts an Impediment for Expanding Business Opportunities in Latin America?", *24 Ariz. J. Int'l & Comp. Law 701* (Fall, 2007)

24. Edward F. Martin, "Louisiana's Law of Trusts 25 Years After Adoption of the Trust Code", *50 La. L. Rev. 501* (January, 1990)

25. Naomi R. Cahn, "Parenthood, Genes, and Gametes: The Family Law and Trusts and Estates Perspectives", *32 U. Mem. L. Rev. 563* (Spring, 2002)

26. John H. Langbein, "Mandatory Rules in the Law of Trusts",

98 Nw. U. L. Rev. 1105 （Spring，2004）

27. Edward Rock & Michael Wachter，"Dangerous Liaisons：Corporate Law，Trust Law，And Interdoctrinal Legal Transplants"，*96 Nw. U. L. Rev. 651* （Winter，2002）

28. David Horton，"Unconscionability in the Law of Trusts"，*84 Notre Dame L. Rev. 1675* （April，2009）

29. Rohan Kelley，"Survey of Florida Law：Trusts and Estates：1996 Survey of Florida Law"，*21 Nova L. Rev. 385* （Fall，1996）

30. Michael K. Moyers，"Survey of Illinois Law：Trusts and Estates"，*20 S. Ill. U. L. J. 959* （Summer，1996）.

31. Thomas M. Griffin，"Investing Labor Union Pension Funds in Workers：How ERISA and the Common Law Trust May Benefit Labor by Economically Targeting Investment"，*32 Suffolk U. L. Rev. 11* （1998）

32. Maurizio Lupoi，"The Recognition of Common Law Trusts and Their Adoptions in Civil Law Societies ：The Civil Law Trust"，*32 Vand. J. Transnat'l L. 967* （October，1999）

33. David William Gruning，"Reception of the Trust in Louisiana：The Case of Reynolds V. Reynolds"，*57 Tul. L. Rev. 89* （November，1982）

34. Thomas W. Merrill & Henry E. Smith，"Optimal Standardization in the Law of Property：The Numerous Clauses Principle"，*110 Yale L. J. 1* （October，2000）

35. Michael A. Heller，"The Boundaries of Private Property"，*108 Yale L. J. 1163* （April，1999）

36. Janet A. Lemons，"Trust Law：Creating a Trust by Declaration Does not Require the Settlor to Transfer Legal Title of the Trust

Property to Himself as Trustee〔Taliaferro v. Taliaferro，921 P. 2d 803 (Kan. 1996)〕"，*36 Washburn L. J. 511*（Summer，1997）

37. Peter Creighton，"Certainty of Objects of Trusts and Powers：The Impact of McPhail v. Doulton in Australia"，*22 Sydney L. Rev. 93*（March，2000）

38. Megan J. Ballard，"The Shortsightedness of Blind Trusts"，*56 Kan. L. Rev. 43*（October，2007）

39. James Barr Ames，"The Origin of Uses and Trusts"，*21Harv. L. Rev. 261*（1908）

40. F. W. Maitland，"The Origin of Uses"，*8 Harv. L. Rev. 127*（October，1894）

41. Austin Wakeman Scott，"Fifty Years of Trusts"，*1 Harv. L. Rev. 50*（November，1936）

42. H. G. Hanbury，"The American Law Institute's Restatement of Trusts"，*The University of Toronto Law Journal*，Vol. 2，No. 1（1937）

43. Maurizio Lupoi，"The Hague Convention，the Civil Law and the Italian Experience"，*Trust Law International*，Vol. 21，No. 2（2007）

附　　录

一、《中华人民共和国信托法》条文

中华人民共和国信托法

（2001 年 4 月 28 日第九届全国人民代表大会常务委员会第二十一次会议通过）

第一章　总则

第一条　为了调整信托关系，规范信托行为，保护信托当事人的合法权益，促进信托事业的健康发展，制定本法。

第二条　本法所称信托，是指委托人基于对受托人的信任，将其财产权委托给受托人，由受托人按委托人的意愿以自己的名义，为受益人的利益或者特定目的，进行管理或者处分的行为。

第三条　委托人、受托人、受益人（以下统称信托当事人）在中华人民共和国境内进行民事、营业、公益信托活动，适用本法。

第四条　受托人采取信托机构形式从事信托活动，其组织和管理由国务院制定具体办法。

第五条　信托当事人进行信托活动，必须遵守法律、行政法规，遵循自愿、公平和诚实信用原则，不得损害国家利益和社会公共利益。

第二章　信托的设立

第六条　设立信托，必须有合法的信托目的。

第七条　设立信托，必须有确定的信托财产，并且该信托财产必须是委托人合法所有的财产。

本法所称财产包括合法的财产权利。

第八条　设立信托，应当采取书面形式。

书面形式包括信托合同、遗嘱或者法律、行政法规规定的其他书面文件等。

采取信托合同形式设立信托的，信托合同签订时，信托成立。采取其他书面形式设立信托的，受托人承诺信托时，信托成立。

第九条　设立信托，其书面文件应当载明下列事项：

（一）信托目的；

（二）委托人、受托人的姓名或者名称、住所；

（三）受益人或者受益人范围；

（四）信托财产的范围、种类及状况；

（五）受益人取得信托利益的形式、方法。

除前款所列事项外，可以载明信托期限、信托财产的管理方法、受托人的报酬、新受托人的选任方式、信托终止事由等事项。

第十条　设立信托，对于信托财产，有关法律、行政法规规定应当办理登记手续的，应当依法办理信托登记。

未依照前款规定办理信托登记的，应当补办登记手续；不补办的，该信托不产生效力。

第十一条　有下列情形之一的，信托无效：

（一）信托目的违反法律、行政法规或者损害社会公共利益；

（二）信托财产不能确定；

（三）委托人以非法财产或者本法规定不得设立信托的财产设立信托；

（四）专以诉讼或者讨债为目的设立信托；

（五）受益人或者受益人范围不能确定；

（六）法律、行政法规规定的其他情形。

第十二条　委托人设立信托损害其债权人利益的，债权人有权申请人民法院撤销该信托。

人民法院依照前款规定撤销信托的，不影响善意受益人已经取得的信托利益。

本条第一款规定的申请权，自债权人知道或者应当知道撤销原因之日起一年内不行使的，归于消灭。

第十三条　设立遗嘱信托，应当遵守继承法关于遗嘱的规定。

遗嘱指定的人拒绝或者无能力担任受托人的，由受益人另行选任受托人；受益人为无民事行为能力人或者限制民事行为能力人的，依法由其监护人代行选任。遗嘱对选任受托人另有规定的，从其规定。

第三章　信托财产

第十四条　受托人因承诺信托而取得的财产是信托财产。

受托人因信托财产的管理运用、处分或者其他情形而取得的财产，也归入信托财产。

法律、行政法规禁止流通的财产，不得作为信托财产。

法律、行政法规限制流通的财产，依法经有关主管部门批准后，可以作为信托财产。

第十五条　信托财产与委托人未设立信托的其他财产相区别。设立信托后，委托人死亡或者依法解散、被依法撤销、被宣告破产时，委托人是唯一受益人的，信托终止，信托财产作为其遗产或者清算财产；委托人不是唯一受益人的，信托存续，信托财产不作为其遗产或者清算财产；但作为共同受益人的委托人死亡或者依法解散、被依法撤销、被宣告破产时，其信托受益权作为其遗产或者清算财产。

第十六条　信托财产与属于受托人所有的财产（以下简称固有财产）相区别，不得归入受托人的固有财产或者成为固有财产的一部分。

受托人死亡或者依法解散、被依法撤销、被宣告破产而终止，信托财产不属于其遗产或者清算财产。

第十七条　除因下列情形之一外，对信托财产不得强制执行：

（一）设立信托前债权人已对该信托财产享有优先受偿的权利，并依法行使该权利的；

（二）受托人处理信托事务所产生债务，债权人要求清偿该债务的；

（三）信托财产本身应担负的税款；

（四）法律规定的其他情形。

对于违反前款规定而强制执行信托财产，委托人、受托人或者受益人有权向人民法院提出异议。

第十八条　受托人管理运用、处分信托财产所产生的债权，不得与其固有财产产生的债务相抵销。

受托人管理运用、处分不同委托人的信托财产所产生的债权债务，不得相互抵销。

第四章　信托当事人

第一节　委托人

第十九条　委托人应当是具有完全民事行为能力的自然人、法人或者依法成立的其他组织。

第二十条　委托人有权了解其信托财产的管理运用、处分及收支情况，并有权要求受托人作出说明。

委托人有权查阅、抄录或者复制与其信托财产有关的信托账目以及处理信托事务的其他文件。

第二十一条　因设立信托时未能预见的特别事由，致使信托财产的管理方法不利于实现信托目的或者不符合受益人的利益时，委托人有权要求受托人调整该信托财产的管理方法。

第二十二条　受托人违反信托目的处分信托财产或者因违背管理职责、处理信托事务不当致使信托财产受到损失的，委托人有权申请人民法院撤销该处分行为，并有权要求受托人恢复信托财产的原状或者予以赔偿；该信托财产的受让人明知是违反信托目的而接受该财产的，应当予以返还或者予以赔偿。

前款规定的申请权，自委托人知道或者应当知道撤销原因之日起一年内不行使的，归于消灭。

第二十三条　受托人违反信托目的处分信托财产或者管理运用、处分信托财产有重大过失的，委托人有权依照信托文件的规定解任受托人，或者申请人民法院解任受托人。

第二节　受托人

第二十四条　受托人应当是具有完全民事行为能力的自然人、法人。

法律、行政法规对受托人的条件另有规定的，从其规定。

第二十五条　受托人应当遵守信托文件的规定，为受益人的最大利益处理信托事务。

受托人管理信托财产，必须恪尽职守，履行诚实、信用、谨慎、有效管理的义务。

第二十六条　受托人除依照本法规定取得报酬外，不得利用信托财产为自己谋取利益。

受托人违反前款规定，利用信托财产为自己谋取利益的，所得利益归入信托财产。

第二十七条　受托人不得将信托财产转为其固有财产。受托人将信托财产转为其固有财产的，必须恢复该信托财产的原状；造成信托财产损失的，应当承担赔偿责任。

第二十八条　受托人不得将其固有财产与信托财产进行交易或者将不同委托人的信托财产进行相互交易，但信托文件另有规定或者经委托人或者受益人同意，并以公平的市场价格进行交易的除外。

受托人违反前款规定，造成信托财产损失的，应当承担赔偿责任。

第二十九条　受托人必须将信托财产与其固有财产分别管理、分别记账，并将不同委托人的信托财产分别管理、分别记账。

第三十条　受托人应当自己处理信托事务，但信托文件另有规定或者有不得已事由的，可以委托他人代为处理。

受托人依法将信托事务委托他人代理的，应当对他人处理信托事务的行为承担责任。

第三十一条　同一信托的受托人有两个以上的，为共同受托人。

共同受托人应当共同处理信托事务，但信托文件规定对某些具体事务由受托人分别处理的，从其规定。

共同受托人共同处理信托事务，意见不一致时，按信托文件规定处理；信托文件未规定的，由委托人、受益人或者其利害关系人决定。

第三十二条　共同受托人处理信托事务对第三人所负债务，应当承担连带清偿责任。第三人对共同受托人之一所作的意思表示，对其他受托人同样有效。

共同受托人之一违反信托目的处分信托财产或者因违背管理职责、处理信托事务不当致使信托财产受到损失的，其他受托人应当承担连带赔偿责任。

第三十三条　受托人必须保存处理信托事务的完整记录。

受托人应当每年定期将信托财产的管理运用、处分及收支情况，报告委托人和受益人。

受托人对委托人、受益人以及处理信托事务的情况和资料负有依法保密的义务。

第三十四条　受托人以信托财产为限向受益人承担支付信托利益的义务。

第三十五条　受托人有权依照信托文件的约定取得报酬。信托文件未作事先约定的，经信托当事人协商同意，可以作出补充约定；未作事先约定和补充约定的，不得收取报酬。

约定的报酬经信托当事人协商同意，可以增减其数额。

第三十六条　受托人违反信托目的处分信托财产或者因违背管理职责、处理信托事务不当致使信托财产受到损失的，在未恢复信托财产的原状或者未予赔偿前，不得请求给付报酬。

第三十七条　受托人因处理信托事务所支出的费用、对第三人所负债务，以信托财产承担。受托人以其固有财产先行支付的，对信托财产享有优先受偿的权利。

受托人违背管理职责或者处理信托事务不当对第三人所负债务或者自己所受到的损失，以其固有财产承担。

第三十八条　设立信托后，经委托人和受益人同意，受托人可以辞任。本法对公益信托的受托人辞任另有规定的，从其规定。

受托人辞任的，在新受托人选出前仍应履行管理信托事务的职责。

第三十九条　受托人有下列情形之一的，其职责终止：

（一）死亡或者被依法宣告死亡；

（二）被依法宣告为无民事行为能力人或者限制民事行为能力人；

（三）被依法撤销或者被宣告破产；

（四）依法解散或者法定资格丧失；

（五）辞任或者被解任；

（六）法律、行政法规规定的其他情形。

受托人职责终止时，其继承人或者遗产管理人、监护人、清算人应当妥善保管信托财产，协助新受托人接管信托事务。

第四十条　受托人职责终止的，依照信托文件规定选任新受托人；信托文件未规定的，由委托人选任；委托人不指定或者无能力指定的，由受益人选任；受益人为无民事行为能力人或者限制民事行为能力人的，依法由其监护人代行选任。

原受托人处理信托事务的权利和义务，由新受托人承继。

第四十一条　受托人有本法第三十九条第一款第（三）项至第（六）项所列情形之一，职责终止的，应当作出处理信托事务的报告，并向新受托人办理信托财产和信托事务的移交手续。

前款报告经委托人或者受益人认可，原受托人就报告中所列事项解除责任。但原受托人有不正当行为的除外。

第四十二条　共同受托人之一职责终止的，信托财产由其他受托人管理和处分。

第三节　受益人

第四十三条　受益人是在信托中享有信托受益权的人。受益人可以是自然人、法人或者依法成立的其他组织。

委托人可以是受益人，也可以是同一信托的唯一受益人。

受托人可以是受益人，但不得是同一信托的唯一受益人。

第四十四条　受益人自信托生效之日起享有信托受益权。信托文件另有规定的，从其规定。

第四十五条　共同受益人按照信托文件的规定享受信托利益。信托文件对信托利益的分配比例或者分配方法未作规定的，各受益人按照均等的比例享受信托利益。

第四十六条　受益人可以放弃信托受益权。

全体受益人放弃信托受益权的，信托终止。

部分受益人放弃信托受益权的，被放弃的信托受益权按下列顺序确定归属：

（一）信托文件规定的人；

（二）其他受益人；

（三）委托人或者其继承人。

第四十七条　受益人不能清偿到期债务的，其信托受益权可以用于清偿债务，但法律、行政法规以及信托文件有限制性规定的除外。

第四十八条　受益人的信托受益权可以依法转让和继承，但信托文件有限制性规定的除外。

第四十九条　受益人可以行使本法第二十条至第二十三条规定的委托人享有的权利。受益人行使上述权利，与委托人意见不一致时，可以申请人民法院作出裁定。

受托人有本法第二十二条第一款所列行为，共同受益人之一申请人民法院撤销该处分行为的，人民法院所作出的撤销裁定，对全体共同受益人有效。

第五章　信托的变更与终止

第五十条　委托人是唯一受益人的，委托人或者其继承人可以解除信托。信托文件另有规定的，从其规定。

第五十一条　设立信托后，有下列情形之一的，委托人可以变更受益人或者处分受益人的信托受益权：

（一）受益人对委托人有重大侵权行为；

（二）受益人对其他共同受益人有重大侵权行为；

（三）经受益人同意；

（四）信托文件规定的其他情形。

有前款第（一）项、第（三）项、第（四）项所列情形之一的，委托人可以解除信托。

第五十二条　信托不因委托人或者受托人的死亡、丧失民事行为能力、依法解散、被依法撤销或者被宣告破产而终止，也不因受托人的辞任而终止。但本法或者信托文件另有规定的除外。

第五十三条　有下列情形之一的，信托终止：

（一）信托文件规定的终止事由发生；

（二）信托的存续违反信托目的；

（三）信托目的已经实现或者不能实现；

（四）信托当事人协商同意；

（五）信托被撤销；

（六）信托被解除。

第五十四条　信托终止的，信托财产归属于信托文件规定的人；信托文件未规定的，按下列顺序确定归属：

（一）受益人或者其继承人；

（二）委托人或者其继承人。

第五十五条　依照前条规定，信托财产的归属确定后，在该信托财产转移给权利归属人的过程中，信托视为存续，权利归属人视为受益人。

第五十六条　信托终止后，人民法院依据本法第十七条的规定对原信托财产进行强制执行的，以权利归属人为被执行人。

第五十七条　信托终止后，受托人依照本法规定行使请求给付报酬、从信托财产中获得补偿的权利时，可以留置信托财产或者对信托财产的权利归属人提出请求。

第五十八条　信托终止的，受托人应当作出处理信托事务的清算报告。受益人或者信托财产的权利归属人对清算报告无异议的，受托人就清算报告所列事项解除责任。但受托人有不正当行为的除外。

第六章　公益信托

第五十九条　公益信托适用本章规定。本章未规定的，适用本法及其他相关法律的规定。

第六十条　为了下列公共利益目的之一而设立的信托，属于公益信托：

（一）救济贫困；

（二）救助灾民；

（三）扶助残疾人；

（四）发展教育、科技、文化、艺术、体育事业；

（五）发展医疗卫生事业；

（六）发展环境保护事业，维护生态环境；

（七）发展其他社会公益事业。

第六十一条　国家鼓励发展公益信托。

第六十二条　公益信托的设立和确定其受托人，应当经有关公益事业的管理机构（以下简称公益事业管理机构）批准。

未经公益事业管理机构的批准，不得以公益信托的名义进行活动。

公益事业管理机构对于公益信托活动应当给予支持。

第六十三条　公益信托的信托财产及其收益，不得用于非公益目的。

第六十四条　公益信托应当设置信托监察人。

信托监察人由信托文件规定。信托文件未规定的，由公益事业管理机构指定。

第六十五条　信托监察人有权以自己的名义，为维护受益人的利益，提起诉讼或者实施其他法律行为。

第六十六条　公益信托的受托人未经公益事业管理机构批准，不得辞任。

第六十七条　公益事业管理机构应当检查受托人处理公益信托事务的情况及财产状况。

受托人应当至少每年一次作出信托事务处理情况及财产状况报告，经信托监察人认可后，报公益事业管理机构核准，并由受托人予以公告。

第六十八条　公益信托的受托人违反信托义务或者无能力履行其职责的，由公益事业管理机构变更受托人。

第六十九条　公益信托成立后，发生设立信托时不能预见的情形，公益事业管理机构可以根据信托目的，变更信托文件中的有关条款。

第七十条　公益信托终止的，受托人应当于终止事由发生之日起十五日内，将终止事由和终止日期报告公益事业管理机构。

第七十一条　公益信托终止的，受托人作出的处理信托事务的清算报告，应当经信托监察人认可后，报公益事业管理机构核准，并由受托人予以公告。

第七十二条　公益信托终止，没有信托财产权利归属人或者信托财产权利归属人是不特定的社会公众的，经公益事业管理机构批准，受托人应当将信托财产用于与原公益目的相近似的目的，或者将信托财产转移给具有近似目的的公益组织或者其他公益信托。

第七十三条　公益事业管理机构违反本法规定的，委托人、受托人或者受益人有权向人民法院起诉。

第七章　附则

第七十四条　本法自 2001 年 10 月 1 日起施行。

二、银监会《信托登记管理办法（征求意见稿）》条文

信托登记管理办法

（征求意见稿）

中国银行业监督管理委员会

2008—6—16 印发

第一章　总则

第一条　为规范信托登记行为，保护信托当事人的合法权益，促进信托业健康发展，根据《中华人民共和国信托法》等法律法规的规

定，制定本办法。

第二条　在中华人民共和国境内申请办理信托登记，适用本办法。

第三条　本办法所称信托登记，是指信托登记机构依信托机构申请，对委托人设立信托的非现金资产及其变动情况予以记录，证明为信托财产的行为。

前款所称信托登记机构，是指经中国银行业监督管理委员会批准设立，按照《中华人民共和国信托法》和本办法规定，专门从事信托登记业务的不以营利为目的的法人。

第四条　信托登记采取全国集中统一的登记方式，由信托登记机构依法集中统一办理。

第五条　信托登记应当遵守法律、法规的规定和信托文件的约定，坚持客观、诚信的原则，不得损害国家利益、社会公共利益和他人的合法权益。

第六条　中国银行业监督管理委员会依法对信托登记机构及信托登记业务实施监督管理。

第二章　信托登记的申请

第七条　信托登记由信托机构提出登记申请。

前款所称信托机构，是指符合《中华人民共和国信托法》等法律法规的规定，从事营业信托业务的金融机构。

第八条　以非现金资产设立信托，信托机构应当在信托文件生效之日起三个工作日内，向信托登记机构申请办理信托登记。

信托财产为资金的，信托机构应当遵守中国人民银行《关于信托投资公司人民币银行结算账户开立和使用有关事项的通知》（银发〔2003〕232号）、中国银行业监督管理委员会和中国证券监督管理委员会《关于信托投资公司开设信托专用证券账户和信托专用资金账户有关问题的通知》（银监发〔2004〕61号）等法规的规定，为信托资金开设信托专户，保障信托资金的安全与独立。

第九条　信托机构申请办理信托登记，应当向信托登记机构提交下列材料：

（一）信托登记申请书；

（二）相关信托文件；

（三）法律法规规定要求提交的其他材料。

信托财产有权属证明的，信托机构还应当提交相关证明文件。

第十条　信托机构应当保证其提交的信托登记申请材料真实、准确、完整，不得通过捏造、删改等方式提供虚假材料。

第十一条　信托存续期间，已登记的信托财产形态发生变化，或者现金资产转化为非现金资产的，信托机构应当在该信托财产形态发生变动之日起三个工作日内，就变动事项申请办理信托（变更）登记。

第十二条　信托终止后，信托机构应当在完成信托财产归属分配之日起三个工作日内，申请撤销信托登记，并提交下列材料：

（一）撤销信托登记申请书；

（二）信托清算报告；

（三）信托财产分配方案；

（四）法律法规规定要求提交的其他材料。

第十三条　信托无效或者被撤销的，信托机构或利害关系人可以根据人民法院的判决、仲裁机关的裁决、公证文书或者其他有效证明材料，向信托登记机构申请撤销信托登记。

第十四条　信托财产的利害关系人对已办理的信托登记有异议的，可以向信托登记机构提出登记异议。

第三章　信托登记的办理

第十五条　信托登记机构应当建立安全、方便、快捷的信托登记系统，提供必要的服务设备和完善的数据安全保护措施。

第十六条　信托登记机构依法履行下列职能：

（一）制定并公开信托登记业务规则、与信托登记业务有关的收费项目和标准；

（二）办理信托登记；

（三）依法提供与信托登记业务有关的查询、咨询和培训服务；

（四）记录信托机构的信托产品信息；

（五）中国银行业监督管理委员会批准的其他业务。

第十七条　信托登记机构不得从事下列活动：

（一）与信托登记业务无关的投资；

（二）购置非自用不动产；

（三）法律、行政法规和中国银行业监督管理委员会禁止的其他行为。

第十八条　信托登记机构的下列活动，应当报中国银行业监督管理委员会批准：

（一）制定、修改章程和业务规则；

（二）规定或调整信托登记业务收费标准；

（三）任免董事或高级管理人员；

（四）重大国际合作与交流；

（五）依法应当报中国银行业监督管理委员会批准的其他活动。

第十九条　信托登记机构收到信托机构提交的登记申请后，应当出具确认书，并及时进行形式审查。

申请书符合本办法要求的，信托登记机构应当在受理之日起五个工作日内审查完毕，并办理信托登记。申请材料不符合本办法要求的，信托登记机构应在受理之日起三个工作日内告知信托机构，并要求信托机构在二个工作日内补齐有关材料，逾期不补交或补交不完整的，视为放弃信托登记。

第二十条　信托登记应当登记以下内容：

（一）信托当事人的姓名或者名称、住所；

（二）信托财产的范围、种类及状况；

（三）信托期限；

（四）法律法规和中国银行业监督管理委员会要求登记的其他内容。

第二十一条　信托登记机构应当保证信托登记所记录的信息与信托机构提交的材料内容相一致，不得隐匿、伪造或者毁损。

第二十二条　信托登记机构应当在完成信托登记当日向申请人出具统一格式的信托登记证明文件。

信托登记证明文件的内容和格式，由信托登记机构制定并报中国银行业监督管理委员会备案。

第二十三条　信托登记机构应当妥善保存信托登记有关文件和资料，其保存期限不得少于二十年。

第二十四条　信托登记机构对其所编制的信托登记业务数据和资料进行专属管理，任何组织和个人不得将该数据和资料用于商业目的。

第二十五条　信托登记机构及其工作人员对与信托登记业务有关的数据和资料，负有依法保密义务。

第二十六条　对与信托登记业务有关的数据和资料，发生下列情形之一时，信托登记机构方可依法办理查询，并提供必要的便利：

（一）信托当事人查询与其本人有关的信托登记资料；

（二）人民法院、人民检察院、公安机关和中国银行业监督管理委员会依照法定的条件和程序进行查询和取证。

第四章　信托登记的效力

第二十七条　未依照《中华人民共和国信托法》和本办法规定办理信托登记的，应当补齐登记手续；不补办的，信托不产生效力。

第二十八条　已办理信托登记的财产，具有《中华人民共和国信托法》规定的独立性并受法律保护，由信托机构以自己名义按信托文件约定进行管理、运用和处分。

第二十九条　已办理信托登记的财产，与委托人的其他财产相区别。

信托设立后，委托人死亡或者依法解散、被依法撤销、被宣告破产时，委托人是唯一受益人的，信托终止，信托财产作为其遗产或者清算财产；委托人不是唯一受益人的，信托存续，信托财产不作为其遗产或者清算财产，但作为共同受益人的委托人死亡或者依法解散、被依法撤销、被宣告破产时，其信托受益权作为其遗产或者清算财产。

第三十条　已办理信托登记的财产，与信托机构的固有财产相区别，不得归入信托机构的固有财产或者成为固有财产的一部分。

信托机构依法解散、被依法撤销、被宣告破产而终止，信托财产不属于其遗产或者清算财产。

第三十一条　对已办理信托登记的财产，不得强制执行，但下列情形除外：

（一）设立信托前债权人已对该信托财产享有优先受偿的权利，并依法行使该权利的；

（二）信托机构处理信托事务所产生债务，债权人要求清偿该债务的；

（三）信托财产本身应担负的税款；

（四）法律规定的其他情形。

第三十二条　已办理信托登记的财产，其所有权发生变更的，应当依照现有法律、行政法规的规定办理所有权变更登记手续。

第五章　监督与罚则

第三十三条　中国银行业监督管理委员会有权检查信托登记机构的业务活动。

第三十四条　中国银行业监督管理委员会应当督促、指导信托登记机构建立、健全下列制度：

（一）风险防范制度和内部控制制度；

（二）行业技术系统、技术标准和规范；

（三）信托登记数据和技术系统的备份制度；

（四）紧急事件应变程序和操作流程。

第三十五条　信托登记机构在办理信托登记过程中，发现信托机构存在违法违规行为的，应当及时向中国银行业监督管理委员会报告。

第三十六条　信托登记机构工作人员必须忠于职守、依法办事，不得利用职务便利谋取不正当利益，不得泄露所知悉的有关单位和个人的商业秘密。

第三十七条　信托机构存在下列情形之一的，应当依法承担相应的法律责任：

（一）伪造、变造申请文件；

（二）提交的申请材料存在重大错误或虚假陈述；

（三）伪造、涂改信托登记证明文件。

第三十八条　信托登记机构及其工作人员违反本办法规定，给信托当事人造成损失的，应当承担相应的法律责任。

第六章　附则

第三十九条　本办法施行前已经依法成立并处于存续期内的信托，应当依照本办法补办信托登记。

第四十条　受托人为自然人申请办理信托登记的，参照本办法执行。

第四十一条　本办法由中国银行业监督管理委员会负责解释。

第四十二条　本办法自发布之日起施行。

词条索引

目　录

信托

信任关系

信托遗赠

处分

受益人

代理

赠与

遗嘱信托

强制执行

公示原则

信托登记

登记生效主义

登记对抗主义

信托登记机构

后　记

　　信托法是我很久以前就产生了兴趣却一直未进行过专门研究的领域，现在由于学校对博士论文要求的改变，不允许在论文中收入自己已经发表过的研究成果，我便借此机会选择在信托法领域里进行博士论文的研究。纵观历史长河，源于中世纪英国的信托制度，经过数百年的发展，已经成长为根深叶茂、生机勃勃的世界性的财产制度，其法理博大精深，在有限的时间内只能从具体的制度着眼才能略窥其堂奥，而不宜囫囵吞枣、一开始就进行宏大选题的研究。在征求了导师和数位其他老师的意见之后，我选择了信托登记制度研究作为毕业论文的选题，因为这一选题既具有理论上的挑战，也具有实践上的意义，值得一试。随后，在 2009 年 9 月，我获得了去台湾中正大学法学院交流学习两个月的机会，由此开始了资料搜集和论文写作的过程。回京之后，导师王利明教授让我继续全心全意投入到论文的写作中，在经过半年多因每日熬夜而"黑白颠倒"的论文写作生活之后，终于初步完成了这一选题的写作，也完成了三年博士学习阶段中最后也是最重要的一项任务。

自 2007 年夏季来到人大，回首读博三年，时光真真如风驰电掣一般，转瞬即逝，每每令人惊诧莫名，欷歔不已！

2007 年，我从海南负笈进京赶考，承蒙恩师王利明教授不弃，收我入门。我竟此忝列门墙，与诸多青年才俊成为同门，这令我既倍感欣喜，又汗颜不已。恩师出道极早，而立之年即已在学界声名远播，然恩师志以学术为业，每日早起晚睡，勤勤恳恳，笔耕不辍，近三十年而不悔初衷。恩师这份对学术的沉醉痴心，令我等做弟子的深感钦佩与向往！恩师的日常生活简单而规律，除了必须应对的行政事务以外，整日待在办公室里读书写作，因此我有幸时常陪侍在恩师左右，聆听恩师教诲，与恩师一起讨论问题、查阅资料，自物权法而至侵权法、合同法，自部门法具体制度而至法学方法论，凡此种种，使我愈加体悟到民法学之博大精深、浩瀚无涯，必须长期用心刻苦钻研，方能撷取其中一二，不致空悲切。恩师性情忠实敦厚，平易可亲，严于律己而宽以待人，在学术上对我颇多鼓励，在生活上对我多有照顾，使我三年读书期间得以一心向学而不问世事。恩师无论为学还是做人，其勤奋敬业、谦逊礼让、高风亮节，均为我辈之楷模典范！

同门博士后高圣平副教授已为本院教师，在恩师对我指导之余，默默地担当起同门兄长对师弟的道义责任，无论在学业上还是在生活上，都协助恩师对我进行指导和关照。我的许多习作，都是高老师帮助指导、修改和推荐才得以面世；在许多事情上，高老师都以兄长的身份无微不至地照顾我、不遗余力地帮助我。能够遇到如此厚德而博学的同门兄长，实乃吾人三生有幸矣！

王轶教授为同门之翘楚、恩师之得意门生，我有幸有诸多机会与王轶老师一起开会、讨论、聊天等，每每使我从中获益匪浅。王轶老师的笃学和敏思、睿智和沉稳，是值得我认真学习的巨大精神财富。

人大法学院民商法专业博士生导师组的其他几位导师，如平易和蔼的杨立新老师、博学精深的张新宝老师、风度翩翩的姚辉老师等，都曾对我耳提面命、关爱有加，令我感激不已。本院石佳友老师、杨东老师、朱岩老师等都是博学多才之士，与他们的交谈和探讨往往充满了智慧和乐趣。法学院办公室的潘涛老师、乔鹏老师、韩松老师、郑小敏老师、李修棋老师、郝晓明老师、程志红老师、洪荞老师、邢姝师妹等在我学习期间都对我多有照顾和帮助，令我十分感动。

对外经贸大学法学院的梅夏英教授作为同门兄长，三年来在生活上对我照顾极多。梅师兄生性豪迈爽朗，才智过人，洒脱豁达，其乐观开朗的个性具有极强的感染力和吸引力，与梅师兄交往，每每令人感慨法学家的生活原来也可以过得如此充实而惬意。

在最高人民法院工作的同门师兄姐，如麻锦亮大哥、杨永清大哥、贾纬大哥、王娟师姐、孔玲师姐、沈红雨师姐在学习和生活中对我关照极多，对此我非常感激。同门博士后、暨南大学法学院的青年才俊廖焕国教授一直待我如同亲兄弟一般，让我感受到家人般的温暖。

在台湾交流学习期间，我有幸认识了几位在两岸信托法学界都声名卓著的前辈学者：台湾中正大学的谢哲胜教授对我的论文多有指导；王志诚教授反复帮我修改、拟定论文大纲，每次都细心回答我的疑问，在我论文写作的全过程都给予帮助和指点；政治大学法学院院长方嘉麟教授在繁忙的公务中抽出时间耐心与我交谈，对我论文中提出的一些问题表达自己的看法，给我极大的启示。在台湾交流期间，政治大学苏永钦教授以民法大家的地位却亲自等候、接待一介晚生小辈的我到政治大学参观，邀请我共进美味的西餐，并引荐我去拜访法学院院长方嘉麟老师。苏老师这种平易待人的态度是真正的大家风范，令我辈折服不已！大法官黄茂荣教授在两岸学界都享有极高的声誉，但黄老师和夫人吴铭子女士在我和另外三个大陆博士生提出拜访的请求之后立即表示同意，并带领我们参观植根有限公司，邀请我们共进晚餐，与我们长谈畅叙。黄老师和苏老师的这种平易亲切的态度让我们真切地感受到了台湾学者的敦厚、儒雅与谦和，令我们高山仰止、景行行止。

这几年在恩师身边学习，经常与北航法学院的周友军副教授、清华法学院的程啸副教授、中财法学院的尹飞副教授、外经贸法学院的马特副教授、政法大学的易军教授、北大法学院的常鹏翱副教授、许德峰副教授、山东师大的吴春岐副教授、人大法学院的熊丙万师弟、谢远扬师弟、缪宇师弟等同门师兄弟一起交谈讨论，他们的聪明智慧和敏捷才思常常令我从中获益良多。

证监会法律部的黄炜师兄，住房和城乡建设部的王策师兄、段广平处长、赵秘书长等为我提供了宝贵的研究资料，使我得以了解信托登记在实务中遇到的问题；中国证券登记结算公司结算部的李瑞强师兄、登记部的程强师兄对我在论文写作中遇到的一些实务问题进行了有益的指点。正是有了他们的帮助，我才知道如何将信托法的理论与实践中的问题联系起来进行思考。

恩师的第一个韩国学生徐东旭师兄已成为我的好朋友，徐师兄在韩国已是事业有成，人到中年仍能潜心求学、无比勤奋，令我敬佩不已。我在人大读书期间的好友，如中国政法大学法学教育研究中心的刘坤轮讲师，中国银行的庞朝骥博士、杜红波博士，北京市人民检察院第二分院的杜邈博士，广东省人民检察院的孙晓敏博士，深圳市中级人民法院的唐毅博士等，与我分享了许多美好而快乐的时光，这份情谊值得我长久回味和感念。

我的室友黄小雨检察官工作比较繁忙，无法每天待在学校，但他为了让我能够享有安宁的学习环境而保留了宿舍，让我经常得以独处一室，敲击键盘写作到深夜而不用担心影响到别人的休息，对小雨的这份深深情谊，我唯有在心底默默地感激。

我硕士研究生时期的几位恩师、海南大学法学院的邓曾甲教授、徐民教授、王崇敏教授在我读博期间仍然十分关心我，经常与我通话谈心，母校师长的深切关怀让我倍感温暖。

我的父亲孟庆邹、母亲孙万祝都已年届花甲。由于我多年外出求学，无法在二老身边尽孝，只能每周打打电话、一年回家一次。父母对我从来都无所求，每次打电话都只是一再嘱我好好学习、保重身体。对父母的亏欠每每令我愧疚不已。我的妻子叶希在我求学期间，默默地忍受着我单调而繁忙的学习生活，一直陪伴我、照顾我，她是我心中最柔软的地方。

时常在夏日的午后与恩师一起爬香山，返回时已近黄昏，夕阳不再耀眼，汽车行驶在路上，远处落日余晖映射下沉寂的群山，让我感受到大地的沉稳与苍茫。在这片厚重而悄无声息的大地上，我们的祖先曾在这里劳作生息、奔走呼号，为寻求安稳的温饱生活而代代延续、生生不已。如何才能让这片土地上的人民永远过上体面、富足、幸福、快乐的生活，是我们每一个人都应当思考的问题。只有实行市场经济、实行民主和法治，才能让人民长久享受以可靠的制度为保障的安康生活。而作为一个民商法学研究者，如果能够为市场经济法律制度的完善作出些许小小的贡献，便是无上的荣光。

孟强

2010 年 5 月 18 日于品园 3 号楼 509 室

2012 年 2 月 10 日改定于志新小区寓所

图书在版编目（CIP）数据

信托登记制度研究/孟强著 . —北京：中国人民大学出版社，2012
（法律科学文库 / 曾宪义总主编）
ISBN 978-7-300-15752-8

Ⅰ. ①信… Ⅱ. ①孟… Ⅲ. ①信托-金融法-研究-中国 Ⅳ. ①D922.282.4

中国版本图书馆 CIP 数据核字（2012）第 090867 号

“十二五”国家重点图书出版规划
法律科学文库
总主编　曾宪义
北京市社会科学理论著作出版基金资助
信托登记制度研究

孟　强　著
Xintuo Dengji Zhidu Yanjiu

出版发行	中国人民大学出版社			
社　　址	北京中关村大街 31 号		**邮政编码**	100080
电　　话	010 - 62511242（总编室）		010 - 62511398（质管部）	
	010 - 82501766（邮购部）		010 - 62514148（门市部）	
	010 - 62515195（发行公司）		010 - 62515275（盗版举报）	
网　　址	http：//www. crup. com. cn			
	http：//www. ttrnet. com（人大教研网）			
经　　销	新华书店			
印　　刷	涿州市星河印刷有限公司			
规　　格	170 mm×228 mm　16 开本	**版　　次**	2012 年 4 月第 1 版	
印　　张	14.5 插页 2	**印　　次**	2012 年 4 月第 1 次印刷	
字　　数	179 000	**定　　价**	39.00 元	